大樂文化

大樂文化

大樂文化

稅務專家傳授入門版

我用基金·保險3年賺到100萬

簡單5張表格，幫你達成財務自由！

200萬名讀者
6000萬人次網路學習 簡七◎著

Contents

第2章 【COST】

第3章 小心你的財務破口

第4章 我用保險的小錢避大浪

【FORM】 第6章

5張表讓理財投資攻守俱佳

前言
學會稅務專家的理財訣竅，比賺高薪更重要

我們的故事始於二〇一三年。我從財經院校畢業後，進入金融機構任職，儘管每天辛苦工作，卻無法在工作和生活之間取得平衡，理想中的自由生活與我漸行漸遠。因為行業和就讀專業的緣故，我開始關注理財與投資的資訊，卻發現市面上的內容就連具備基礎知識的我，也難以立刻學習與吸收。於是，我與朋友利用工作之餘，嘗試用簡單有趣的方式介紹理財知識，創作關於個人理財的科普內容，立志打造最易親近的新手理財互助社群。

短短幾年，我們透過豆瓣小組、簡七論壇、「簡七理財」的官方帳號、各大網路電台、閱讀平台等，認識上百萬名志同道合的伙伴，並獲得許多人的支持與信任。透過小小的堅持與努力，產生幫助別人的力量，讓我們出現幫助更多人的想法。

其實我想出書的念頭由來已久，早在幾年前就開始與多家出版社洽談。我們寫了

多種版本的文稿，多次嘗試策劃方案，卻始終未能付梓。仔細回想箇中原因，應該是理想的內容尚未在我們心中成形，所以不願倉促地把作品交到讀者手中。

在這個過程中，團隊歷經起伏與生死存亡。經過四年的探索與嘗試，終於在二〇一七年，憑藉網易雲和十點讀書平台的付費課程，從個人的公益理財科普論壇，晉升為自負盈虧、自由生長的團隊。

從建立簡七讀財論壇的第一天起，我們只想做個堅持自己立場、用「白話」講解理財知識的平台，現在也仍然相信這件事的價值。這四年間，我們堅持原創，立足新手理財教育，始終用最簡單生動的語言，深入淺出地講解理財知識。

賺錢不是容易的事，但學會理財、培養財經頭腦，對每個人都非常重要。我們透過製作課程再次整理與琢磨，累積更豐富的知識庫、打造更嚴謹的體系，使得本書的輪廓逐漸清晰。以下簡介本書的三個特點。

第一，這是經得起時間考驗的理財寶典。一般人總是喜歡比較：看到別人已經做過，或正在做的事情，而跟著去做。但我們始終認為，應該運用「第一原理思維」，而不是「比較思維」去思考問題。因此，本書沒有無法複製或炫耀式的成功經驗，也沒有只為吸引他人目光、馬後砲的趨勢判斷。我更喜歡仔細說明知識和解釋原因，其餘的交由讀者判斷。

本書運用第一原理思維的方式解析，層層剝開事物的表象，讓讀者看到本質和不變的道理，然後從本質往外走。我們希望到老都能持續正在做的事情，也希望你在多年後依然願意翻閱本書。

第二，這是實用的理財工具書。我們花費四年時間，從浩如煙海的資訊中，找出普通人的理財必經之路。本書沒有一夜暴富的誘惑，沒有讀起來順口的「雞湯」，更多的是切己體察、知行合一的經驗分享。我們以財務作為切入點，提出步驟、工具帶領你實踐理財，進而理出理想生活的清晰模樣。

第三，這是生動有趣、簡單易讀的理財入門書。我想把紛繁複雜的金融世界，寫得情節簡單、結局明瞭。只希望讓打開這本書的你有所收穫。

第 1 章

【GOAL】養成理財習慣 達到財務自由

當走到人生的某一個階段時，我決心成為一個富有之人。這並不是因為我愛錢，而是為了追求獨立自主的感覺。

——查理．孟格（Charles Munger）

別只是努力工作，還得上一堂財富入門課

有位朋友曾提出一個有趣的觀點：我們在大學畢業前都缺了兩門課，一門是愛情，一門是財富。在就學期間，家長和老師生怕我們太早談戀愛，但畢業後，他們立刻改變態度，恨不得為我們找個完美對象。如果遲遲不談戀愛，還要被鄰居或親戚的三姑六婆拷問。

面對金錢也是如此，當我們還關在學習的高塔中，想著賺錢儼然是不務正業、耽誤學習，然而畢業後，車子、房子的話題想躲都躲不開。

仔細想想，這樣巨大的反差真的非常普遍，幾乎每個人都經歷過兩面迅速切換的煎熬。缺少人生財富的課程，很難正確理解賺錢這件事，總是讓我們與金錢的關係充滿不安與焦慮。

❖認真工作不等於好好賺錢

很多人認為，賺錢是工作獲得的薪資，隨著年齡增長，工作資歷和薪資會不斷上漲，自然能成為財務自由的人。我在二〇一五年收到一封讀者的來信，她在信中提出一個問題：

「我的年薪是人民幣三十五萬元（約台幣一百五十萬），為什麼我還是沒辦法存到錢？」

這位讀者名叫迪娜，兩年前從名校畢業後，進入北京一家不錯的會計事務所，但兩年內便花掉大部分薪資。她這樣解釋：

我在高級辦公大樓工作，身邊都是打扮時髦、經濟寬裕的同事和客戶。為了融入環境，我開始用昂貴的東西來打扮自己，並且越來越習慣吃人民幣一百多元的沙拉，參加一人平均八百元的聚餐，買價格四、五位數的包包……。

因為工作實在太忙，我幾乎沒有週末，也沒有假日，所有的時間都花在出差、熬夜加班和睡覺，生活猶如一團亂麻。

相較之下，她的主管早已屬於金領族群，年薪超過百萬元人民幣，每天開著高級車上下班，擁有各式各樣的名牌包包，生活富足。

迪娜一直覺得，再過幾年，等自己也到了可以成為管理階層的年齡，一定能像這位主管一樣擁有不少存款，在不錯的地段擁有自己的房子。

但隨後發生了一件事，帶給迪娜極大的震撼。有天晚上，她看到這位主管拖著幾大箱行李來到辦公室，既狼狽又令人尷尬。後來她才知道，主管竟然被房東突然停止租約。

由此可知，很多職場管理階層的菁英明明年收入超過百萬，卻依然生活得焦慮而慌張，因為一旦發生意外或工作有變化，收入會戛然而止或嚴重縮水。所以，**有好的工作、優渥的收入，不代表未來就會有錢，生活一定會很好。**

真正的財務安定，是擁有對金錢的掌控力

十多年前，我剛從西南財經大學（註：以經濟學及管理學學科聞名，被譽為「中國金融人才庫」）畢業，拿到四大會計事務所之一的工作邀請函。我對未來相當興奮，但更多的是忐忑，到了上海後，這種忐忑很快變成焦慮。

上海是一個步調快速的城市，身處的行業及周圍優秀的同事更令我手足無措。大部分人都以為，讀會計或金融的學生一定很會理財。實際上，很多像我一樣在會計師事務所、銀行工作的人，壓根沒有思考過自己應該怎麼理財。

我雖然需要天天和錢打交道，但是只把理財當作工作的一部分，很少與自己的生活建立息息相關的聯結，尤其是在工作前幾年，容易糾結於數字本身，陷入惡性循環。於是，我開始閱讀理財相關書籍，學習並嘗試為自己理財。

很多人談到理財時，常提到「財務自由」，甚至把它自動轉化成另一個問題：「我們必須擁有多少錢，才能實現財務自由？」

胡潤百富（註：由英國記者及註冊會計師胡潤〔Rupert Hoogewerf〕從一九九九年起製作的中國富豪榜）的最新報告指出，財務自由的門檻，在中國的一線城市是二・九億元人民幣，二線城市是一・七億元人民幣。

這樣的數字是刻舟求劍式的財務自由，只會讓人們更焦慮，無法引導人們做出任何改變。**真正的安定是擁有對金錢的掌控力，當建立一套適合自己的思考邏輯系統，綜合金錢、智慧、經驗、人脈等因素，並加以活用時，才能真正體驗自由。**

所以，好好賺錢指的是理財，更準確地說，是建立屬於自己的理財邏輯系統，透過打理自身財務，創造被動收入，走上真正的賺錢之路。

投資大師查理・孟格（Charles Munger）說過：「當走到人生的某一個階段時，我決心成為一個富有之人。這並不是因為我愛錢，而是為了追求獨立自主的感覺。我喜歡能夠自由地說出自己的想法，而不是受他人意志左右。」

鹹蛋配白飯又勒緊褲帶，敵不過飛漲的物價

提到理財，第一個顯現在你腦海的概念是什麼？泰國有一則廣告，描述一個小男孩看到太空人登陸月球的電視新聞，便對天文產生強烈憧憬，因此夢想買一台天文望遠鏡。

然而，望遠鏡價格不菲，需要兩千五百元泰銖，對一個小學生來說，簡直是天文數字。於是，小男孩展開艱難的存錢之旅，他抗拒同學邀約吃冰淇淋的誘惑，克制自己買玩具的慾望，每天只吃鹹蛋與白飯，抱著存錢筒入睡。夢中的他當上太空人，登上月球。

各位猜到結局了嗎？是不是認為小男孩辛苦省錢，終於得到自己想要的獎賞？廣告的結局是，當小男孩終於存到兩千五百元泰銖，激動地跑到商店想購買夢寐以求的

望遠鏡時，畫面中卻猝不及防地出現一隻手，把望遠鏡的標價從泰銖兩千五百元改為三千五百元。

其實貨幣每天都在貶值，光靠存錢是不夠的。如果要讓財富增長，並突破過往的限制，必須從現在開始投資。

為什麼貨幣會貶值？這涉及通貨膨脹的概念。假設張家賣蘋果，李家賣梨子，每年他們都只用以物易物的方式交換。第一年，兩家產量差不多，所以一顆梨子可以兌換一顆蘋果。第二年，李家收穫的梨子產量翻倍，張家的蘋果產量還是與往年一樣，但李家的梨子留著也沒用，只能拿來兌換蘋果。於是，兌換一顆蘋果變成需要兩顆梨子。

這個簡單的比喻，其實也是貨幣和商品的關係。當市場上流通的貨幣超過交易商品的需求量，便像多出來的梨子，只能兌換更少的蘋果（也就是商品），這就是通貨膨脹的意義。

通貨膨脹是吞噬資產的沉默兇手，因此你應該從事投資，試著從工作之外獲取收入。但投資的方法各式各樣，該如何選擇？我們可以試著從歷史中尋找答案。

美國金融市場的歷史最悠久也最成熟，現在我們想像自己坐上時光機，回到兩百年前的美國。如果你在當時有一百美元，投資不同類別的資產會有什麼差別呢？

美國學者傑諾米・席格爾（Jeremy Siegel）在《長線獲利之道》（*Stocks for the Long Run*）一書中，提出驚人的答案：如果你把這一百美元放在口袋中，在考慮通貨膨脹等因素之下，當你回到兩百年後的今天，實際上只剩下五美元左右的購買力。

如果購買債券、國庫券或黃金，這一百美元會分別變成約十五萬美元、二・八萬美元和三百二十一美元。如果購買股票，將擁有近一億美元。

一九二〇年代，美國經濟學者埃德加・勞倫斯・史密斯（Edgar Lawrence Smith）為了證明買債券比股票還要好，便統計過去幾十年股票和債券的表現，但幾年後，得出的結論正好相反。原來，他研究後發現，通貨膨脹不會增加債券的價值，卻可能使股票翻倍。他把這項研究寫成《普通股作為長期投資》（*Common Stocks as Long Term Investments*）一書。

你想過什麼樣的生活？首先釐清理財目標

在開始推展理財教育後，很多人問我：「理財的第一步是什麼？如果我沒有錢投資，該怎麼辦？理財真的能賺到錢嗎？」有時我甚至想反問：「你們知道理財的最後一步是什麼嗎？」

我曾在簡七讀財的官方帳號提出一個問題：「如果你有一億元，會如何安排自己的生活？」當時線上讀者的答案五花八門，甚至有人列出如何配置一億元的詳細方案。然而，有個答案讓我至今仍印象深刻：「如果我有一億元，並不會和現在過的生活有什麼差別，因為我現在正在過自己想要的人生。」

其實我會詢問這個問題，**背後用意是讓大家跳脫金錢限制，思考自己的人生。當錢不再成為困擾你的問題時，你想要的是什麼？**也就是說，理財的最後一步是你希望過什麼樣的生活，這也是寫這本書的初衷。

本書結合了我們多年實踐理財教育的經歷、近萬名用戶實際的財務問題，以及十點課堂網站上推出的「專為理財小白定制的極簡理財課」，是一本為讀者量身訂作的理財入門書。

我們會告訴你關於理財的每一步，毫不保留地揭露賺錢的奧義。你讀完本書後，便能根據自己的情況與需求，建立專屬的理財邏輯系統。

❖先提升思考模式，再著手實踐

所有的問題都和個人的思維有關。獵豹移動（註：Cheetah Mobile，為中國一家軟體開發企業）的CEO傅盛曾說：「認知幾乎是人與人之間唯一的本質差別。技能的差別是可量化的，技能再怎麼累加也只是熟能生巧，而認知上的差別卻是本質、不可量化的。」

不知道各位怎麼理解「投資是人生最後一份職業」這句話，有人認為這是所有人的理想狀態，不用上班、為別人工作，可以躺著賺錢多麼爽快！也有人調侃，如果真的找不到工作，不知道去哪裡上班，最後還可以試著從事投資。

想抓住多個行業的大機遇十分困難，但你可以藉由投資突破地區、體力等限制，輕而易舉地參與各行各業。這是不是完全不同的視角和財富邏輯？

投資的本質是人們把整體認知體現在財務上，把對政治、人性、宏觀經濟、中觀行業、微觀商業，甚至是對自己的認識，投射在損益的面向上。在我們沉澱、累積越來越多的智慧和成熟觀念之後，投資當然成為人生最後一份職業的好選擇。

本書將從兩方面幫助各位讀者提升思考和認知：第一是釐清對理財的錯誤認知；第二是分析窮人與富人的思考差異，說明為什麼人們總是覺得錢不夠用。投資高手到底如何思考？我們如何能具備他們的思考模式？

而且，本書將從三個角度講解理財與投資，幫助讀者從理財基本常識入手，進而投資生財，讓理財更簡單、人生更自由。

理財一點也不難！3方法幫你做好準備

我有一段時間在鍛鍊身體，閱讀許多關於跑步的書籍。從村上春樹的《關於跑步，我說的其實是……》一書中，我發現一個有趣的觀點。村上之所以選擇跑步，是因為這項運動不像游泳有場地限制，也不像羽毛球或網球需要對手。跑步是一個人、一雙鞋子就可以開始的運動。

這給我一個啟發：理財與人的關係也應該是如此。推展理財教育這幾年，我收到很多讀者的來信或留言，**很多人把理財視為痛苦的事情，總覺得無從下手，無形中把這件事想得越來越難，於是遲遲無法開始**。

不僅是理財，其他像是體檢、健身、閱讀、吃藥等，明明對自己百利而無害的事情，很多人卻選擇拖延不去實踐。但正是這種拖延，阻礙我們過理想的生活。經濟學強調效率，而拖延顯然對效率無益，但人們為什麼還會拖延呢？

多年前，美國經濟學家喬治・阿克洛夫（George Akerlof）曾拖延處理一個極為簡單的任務。當時他常駐印度，有個同事來拜訪他，在他的住處遺落一箱衣服。他想把衣服寄還給同事，但印度當時的郵政體系處理速度拖沓，也許會耽誤時間，於是他一週又一週推遲這件事，即使多次在待辦事項上寫明要去郵寄包裹，但始終沒去做。

最後，他拖延了八個月才完成這件事，因為另一位同事也需要郵寄東西，他才把自己的包裹一起交寄出去。

後來，阿克洛夫寫了一篇著名的論文，將拖延的問題引入學術討論範圍。而且，許多專家也從各種角度討論拖延症的原因與應對方式，其中對普通人比較有用的，是在行為經濟學的雙曲貼現（Hyperbolic discounting）模型中，有個觀念叫作「時間貼現（Delay discounting）」，講述個人對整個事件的預估價值，會隨著時間流逝而下降的心理現象。

簡單來說，**當人們面對兩種選擇，一種是報酬較多、卻需要等待一段時間才能獲得，另一種是報酬較少卻能較早獲得，往往會不理智地選擇後者。**因此，人們在生活中會傾向選擇能即時滿足自己的事情，而不去做更重要卻成效很慢的任務，拖延症便是如此形成。

那麼，該如何解決拖延的問題，使眼前的事情變得輕鬆，而得以長久進行？

❖方法一：先分解任務

我們訂定目標時，往往只有一個抽象方向，例如：減肥、學會開車、寫完專欄等。**將目標分解成簡單的任務，更有助於朝目標邁進。**以減肥為例，減掉十公斤的目標太過抽象，大多數人通常沒幾天就會放棄，不如切實可行地分解任務，改成每頓飯吃八分飽、每天走一萬兩千步。

❖方法二：設立中途補給站

曾經參加或觀看馬拉松比賽的人都知道，在漫長的四十二・一九五公里的全馬賽程上，一定會安排補給站。相同地，**當你實現長遠目標時，可以給自己一些補給作為獎勵**。舉例來說，優秀的健身教練會告訴我們，在減肥過程中適當地設置「欺騙日」，能更有效地達成目標。

欺騙日是指在健身過程中，每隔一段鍛鍊週期（通常為七至十天），抽出一天攝取超過日常的食物量，以增進蛋白質、碳水化合物和整體卡路里的吸收。

❖方法三：分清目標和願望

最後要提醒大家，願望可以天馬行空，但目標必須可執行、可達成。別把心裡的願望當成目標，那只會讓人因為無法實現目標而陷入沮喪。

人們往往會誇大一年能發生的改變，卻低估五年時間的力量。**相信隨著時間的推移，我們都能慢慢接近自己的目標，畢竟輕鬆的事情才能做得長久**。理財的目標究竟是什麼？你分得清目標與願望嗎？每當我問到理財的終極目標，多數人會回答「財務自由」。以下兩種生活的方式都達成了財務自由：

- **結果的財務自由**：你勤奮誠懇地工作，卻眼睜睜地看著物價、房價飛漲，壓力越來越大，還必須咬牙付清帳單、房貸。終於有一天你退休了，剩下的錢還夠花，卻沒什麼值得花錢的地方。身處人生的結尾，在財務自由的任務上打勾。
- **過程和結果都能財務自由**：你認真地賺錢，而且始終有想做的事、想去的地方。行動前會盤算一下，如果錢足夠便去做，錢不夠則等到調整後再做。

我想大多數人都更喜歡第二種狀態。但是，在每個人向前奔跑的人生中，往往實行第一種情況。若一味追求數字，就難以走出這個惡性循環。

九九％的人都想過頂端一％的生活，那麼有沒有能讓人活在當下、擺脫財務枷鎖的方法？我認為自由取決於一個人安於不確定性的程度。乍看之下，財務自由一詞好像有些自相矛盾，財務為人們帶來安全感，而自由要求人們敢於放棄安全感。究竟什麼是財務自由呢？

介紹財務自由之前，先簡單說明主動收入與被動收入的差異。薪資屬於主動收入，而不需要付出額外勞動就能賺取的錢，例如：投資賺取的利息、出書持續賺取的版稅、投資企業賺取的分紅等，則稱為被動收入。

實現財務自由的最基本的標準，是被動收入剛好可以覆蓋日常生活的支出。因此，**實現財務自由非常簡單，便是適當管理日常支出，並不斷努力提高被動收入。**

簡單來說，可透過以下公式計算財務自由度：財務自由度＝投資淨收益÷總支出。建議數值為一五％，但隨著年齡增長，需要不斷地提高比例。當你能將這個比例提升到一〇〇％時，你便實現真正的財務自由，可以不再為錢擔憂。對於大多數的人來說，最適合的方法是透過投資理財獲取被動收入。

我實現財務自由的過程中，歷經3個階段

在此，分享我在實現財務自由的過程中經歷的三個階段：

❖第一階段：覺醒

我出身於財經院校，很早便建立投資理財的概念，但真正讓我意識到必須盡早開始儲蓄和投資的契機，是前文分享的那個朋友。

剛認識她時，我看到她光鮮亮麗的生活，不由自主地想向她的消費水準靠攏。

至今還記得，有一個月領到薪資、繳完房租後，用剩下三分之一的薪資去做頭髮。當時我看著鏡子裡的自己，心情非常好，但事實上，身邊的人沒有把我的新髮型放在心

上，而我在之後的半個月必須省吃儉用，無法參加任何聚會。

在瞭解那位朋友的生活狀態後，我意識到自己差點陷入同樣的困境，不禁有些害怕，於是開始認真對待自己的財務。我在充分獲得投資理財的知識後，第一件事就是為自己買意外險和重大疾病保險，確保自己未來如果不幸遇上任何風險，仍有一定的金錢支援。

❖第二階段：累積自己的第一桶金

我們剛能滿足基本生活需求時，很容易知足。這個階段往往讓人陷入停滯不前的狀態，前面提過的僥倖心理，也經常在此時乘虛而入，例如：背後有父母支持、有一個高收入的伴侶願意買單等。

其實在這個階段，我們最應做的是累積自己的第一桶金。第一桶金的金額標準因人而異，這與你的居住地區、工作類型和生活要求有關，可能是幾萬元，也可能是幾十萬元。

以我的經驗來看，八〇%的人第一桶金主要來自儲蓄，其次才是其他所得。因此我們可以認為，這個階段最重要的是養成良好的儲蓄習慣。你可以從最基本的月收入一〇%開始，在不影響生活水平的情況下，逐漸提高儲蓄比例。

一旦確立第一桶金的小目標，我建議各位盡快達到這個目標，甚至考慮在短時間內，把這件事放在最優先的順位，適時延後生活享樂的消費。

在累積第一桶金的同時，可以適當地嘗試投資，逐步瞭解各種投資產品，以及其風險和回饋的特點。

對於累積階段的資金管理，我建議以低風險的投資為主，例如：貨幣基金、低風險銀行理財等，注意自己本金的安全，然後用少量資金嘗試高風險投資，例如：P2P（網路借貸）、基金、股票等。

❖第三個階段：建立自己的投資系統

相信各位獲得第一桶金後，對各類投資產品會有更多的瞭解，這時可以開始著手建立自己的投資系統。構建理財系統是個比較複雜的過程，向各位分享兩個訣竅。

第一是用選伴侶的態度選擇投資產品。人們都說，選擇另一半時要特別注意三觀（人生觀、世界觀、價值觀）一致，其實理財也一樣，必須確保自己買的產品或組合，符合自己對收益和風險的要求。選伴侶與理財的共通特點是，若你在選擇時太草率、不用心、理解不夠，未來可能會吃大虧。

以前聽過不少人遇過以下狀況：聽到別人推薦某種產品的收益很高，但不清楚錢到底投資在哪裡、可能出現哪些虧損。他們因為相信推薦的人，便直接把錢投入，結果當市場環境變差、虧損近一半，才發現那是高風險的投資產品。

第二是用經營婚姻的方式對待自己的投資。簡單來說，就是和對的人長相廝守，趁早和錯的人分手。如果你找到很棒的投資組合，最重要的是長期持有、賺取長期收益，而非頻繁交易。因為後者會讓你付出額外的費用和成本，還錯過適當的市場時機。當發現投資的產品和自己想要的結果不符，最明智的做法就是乾淨俐落地分手。

看到這裡，你可能覺得道理說起來簡單，但如何具體判斷優劣？試著想一下，世界上有不經過經營和學習就能幸福的婚姻嗎？理財投資也不是簡單的事。若想踏實地賺錢，必須付出相應的時間和精力去學習和瞭解。

最後還有一點非常重要，也是我一直倡導的：**理財就是理生活，投資自己是最好的投資**。投資自己不是指購買奢侈品，而是把錢投入可提升工作技能或競爭力的事情上，例如：培訓、課程、工作、健身等。

無論是健康或技能，都會跟著我們一輩子，並且創造財富，而早期投入可能會為我們的未來帶來翻倍的收益。

第 2 章

【COST】懂得花錢讓你 3 年存第一桶金

「在一般人看不到的上流社會生活裡，完全沒有我們想像中的名牌奢侈品，他們會花錢去訂制自己喜歡、真正舒適的東西。」

——保羅・福塞爾（Paul Fussell）

小資族也能買車買房！配合人生目標做規劃

前一陣子，我和一位名叫大米的朋友聊天。他二十七歲、研究所畢業三年，如今在上海一家金融機構工作，月收入兩萬元人民幣。

他說：「三年存下五十萬元，對我這種人來說應該不是什麼問題。」確實，以他的工作能力來說，薪資提升的空間非常大。我問他：「那你在畢業這三年存了多少錢？」他回答：「沒存，都花光了。」

大米是典型的高薪月光族，他的經歷讓我彷彿看到過去的自己，同時想起不少身邊的人。我們二十多歲時容易認為：「我還年輕，很多事情等三十歲後再說」，或者幻想：「也許到了幾歲，自然會得到想要的一切。」

我十多年前從財經大學畢業，進入人人羨慕的大型會計師事務所工作，之後到外商擔任財務。後來，我遇到職涯發展瓶頸，對工作內容沒什麼熱情，收入增長的速度像蝸牛一樣慢，而消費水平則一直上升。

那時，我才意識到財務規劃的重要性，並下定決心理財。我和很多人一樣，首先想到存錢，於是開始努力地省錢、存錢，一段時間後帳戶裡存了幾萬元人民幣，好像有一點效果。

但是我買不起車、買不起房，又覺得自己生活已經不容易，這麼辛苦工作賺到的錢還不能花，到底是何苦呢？於是，這幾萬元存款就像過度減肥後的反彈一樣，在年末「犒勞自己」的計畫中被快速花光。我也嘗試過記帳，但一段時間後，除了獲得一堆帳單和強迫症，財務狀況並沒有改善。

之所以和各位分享這些，既是希望你少走一些遠路，也是為了給你更多信心。理財並不難，也不是有多少錢後才能開始，而在於選對切入口。直到我認識財務規劃的工具（見圖2-1），才意識到理財的起點和我過去想像的完全不同。

許多人認為理財是追求某個具體數字、實現財務自由，但若問需要擁有多少錢才能擁有自由？絕大多數人都回答不上來。

圖 2-1　理財規劃

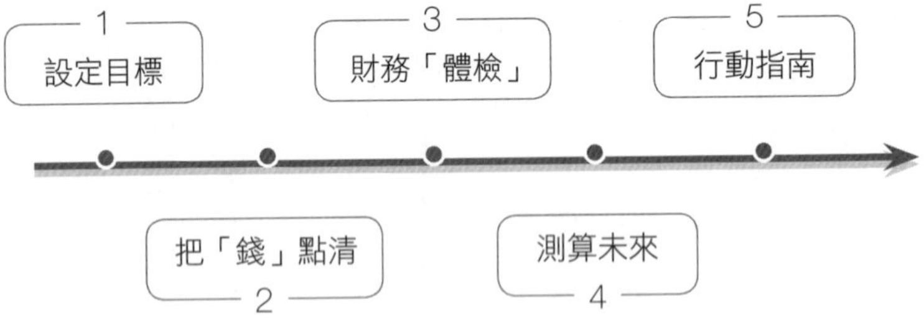

我重新問自己：「什麼是理想的財務狀況？」發現答案並非某個具體數字，而是一種狀態：在每一個時間點，知道現在做的一切會帶給自己什麼樣的將來。金錢上也足夠負擔我做的事情，收入可以完全讓我獨立。

我發現：**理財的第一步不是存多少錢、投資什麼產品，而是先想清楚自己理想的生活方式，再思考財務如何支持自己實現目標。要和金錢成為朋友，而不是被數字奴役。**

❖理財規劃的意義

相信各位都聽說過時間管理的方法，例如：番茄工作法、四象限工作法等。其中的精髓都在於學會釐清目標，然後分解目標、規劃實行的時間，最後有效地執行計畫。

這種管理目標的思維可以幫助我們達成任務，並逐漸內化成習慣，遇到其他任務時，也能運用同樣的思考模式。**同樣地，理財需要配合你的人生目標，分解為可執行的財務計畫。**

在正式踏上賺錢之旅前，請你拿出紙筆，進行三個簡單步驟。第一步，寫下近年最想實現的五個願望，並在旁邊寫下完成它需要花多少錢。第二步，列出為了達成這五個願望，已在財務上做哪些準備。第三步，粗略地計算現在的財務狀況，按照計畫的財富增長速度，能否支持自己達成目標。

用SMART原則，計算理想的生活需要多少錢

回到大米的例子，我們來看看他可以如何規劃，開啟自己理財的第一步。我們給他一份問卷，**第一步請他寫下近年最想實現的五個願望**，並在旁邊標註完成它需要花多少錢。大米的答案如下（以下金額單位為人民幣）：

- 每年讀一〇〇本書，所需金額：五千元／年。
- 請私人健身教練，所需金額：兩萬元／年。
- 三十五歲前完成一次環球旅行，所需金額：五十萬元。
- 三十歲前買一輛代步車，所需金額：二十萬元。
- 三十歲時讀MBA（企管碩士），所需金額：三十萬元。

圖 2-2 SMART 原則

SMART 原則	理財目標的具體應用
Specificity 明確性	時間因素
Measurable 可測量性	經濟因素
Available 可行性	合理可行性
Reality 現實性	優先順序
Timeliness 時限性	動態調整

大米的回答非常標準，因為他寫出明確的目標和完成時間。

接著，向各位介紹設定目標的好方法：SMART原則（見圖2-2）。

為什麼要寫下明確的金額呢？因為無論是出門旅行、提升自己，甚至健身，大部分的生活目標對應計畫，都需要一定的財務支持，來幫助我們實現願望。

大米寫完後才發現，原來自己理想的生活需要花這麼多錢，一下子陷入憂鬱。你寫完自己的願望後，是信心滿滿還是略感惆悵呢？

第二步，我們請他列出為了妥善達成這五個願望，已在財務上做哪些準備。

- 是否做了預算？
- 是否有可執行的儲蓄計畫？有努力升職、加薪的方案嗎？
- 是否已經開始儲蓄或投資其中一個願望？
- 出去旅行時，有沒有為自己買保險？
- 寫下任何行動或準備。

這個問題讓大米想了半天，他搖搖頭說：「唯一想過的問題，是自己職業規劃中每年的加薪幅度，和可能的年終獎金。」

你可能和大米有同樣的回答。別擔心，本書將告訴你，如何針對不同目標，搭配不同的理財工具。在此我們可以發現，只有先確立目標，找到相應的理財方法，目標才有價值，行動才有方向。

第三步，請大米粗略地計算現在的財務狀況，按照計畫的財富增長速度，能否支

持他達成目標？我建議先寫下最近一次的大筆支出，和它發生的時間。

舉例來說，大米希望在三年後能攻讀MBA並擁有代步車，共需花費五十萬元。接著，他寫下自己去年的淨儲蓄額和薪資年增長率。然後，他說自己以前沒有存款，但是決定在二〇一八年至少存下十萬元，薪資每年的增長率是一五％。綜合這些數字，可以試算出具體薪資：

- 第一年是十萬元。
- 第二年是一一．五萬元（十萬元×一一五％）。
- 第三年是一三．二二五萬元（一一．五萬元×一一五％）。

三年加在一起共三十四．七二五萬元。這只是粗略的計算，沒有考慮任何投資回報和其他收入，距離大米的五十萬元目標，至少還有十五萬元的差距。而且，以大米目前月光族的狀況，必須改掉毫無節制的消費習慣，才能存下十萬元，這不是一件容易的事。

以上三個步驟是簡單的理財規劃：**從目標出發，確立對應的財務解決方案，找到現實和目標的差距。**如果你已經有清晰的目標與實現方案，那麼你已跑贏八〇%的人。試著用SMART原則，確立你近年希望實現的五個願望，和對應的財務目標。

複利3要素的威力，連愛因斯坦也吃驚！

有了以上的理財規劃架構，我與大米一起思考，如何從現在開始養成好習慣，順利在每個人生階段完成他的目標，我認為他的方法也可以供各位讀者參考。

在整理完現階段的財務狀況後，他終於知道三年存下五十萬元，不是輕而易舉的事情，而是需要從現在開始，每年、每月，甚至每天努力，才可能達成目標。那麼，大米可以從哪些方面努力呢？

掌控財富變化有三個要素，讓我們回歸財富增長的本質，簡單介紹被愛因斯坦稱為「世界第八大奇蹟」的複利公式，也可說是「第一原理」：

複利＝本金×（1＋利率）×計息期

從這個公式能直觀地看出，如果想享受複利，可以從三個要素上下功夫：本金、利率和計息期（時間）。

❖複利計算法

打開Office的Excel程式，利用FV函數功能，可以方便地計算複利。具體計算公式如下：

複利＝FV（rate, nper, pmt, pv, type）

※rate為利率，nper為期數，pmt為每一期投入的金額，pv為初始投入的本金，type為指定付款時間是期初或期末，期初支付則輸入1，期末支付則輸入0或省略。

你想像過自己成為億萬富翁嗎？聽起來好像是天方夜譚，其實你若是每年拿出七萬元，然後穩定地按照七％的收益率投資，七十年後就會成為億萬富翁！可以打開

Excel 自行驗證一下，用這個標準公式感受複利的威力。

在任何一個空白的儲存格裡輸入「＝FV（7%，70，70000，0，0）」，按下輸入，你會得到一個九位數字，一．一三億。另外，如果每年投入的七萬元變成十萬元，七十年後本金雖然增加兩百一十萬元，但最終帳戶裡會多出四千八百萬元。

這就是複利的威力。重新看看前面的計算公式，當我們輸入七%、七十年、七萬元這三個基礎數據時，公式揭示了複利中最重要的三個因素：

- 本金：積累本金，建立良好的理財習慣。
- 利率：認知升級和機遇，投資自己。
- 計息期：盡早開始投資理財，耐心堅持。

第一要素：積累本金。如何提高每年的可投資本金呢？為了達成目標，你可以改善自己的收入和支出結構，同時養成良好的儲蓄習慣。關於積累與保障本金，本章之後將重點介紹。

第二要素：提升利率。沿用億萬富翁的例子，如果把每年的投資收益率提升到八%，七十年內仍然每年投入七萬元，帳戶裡將多出七千七百四十一萬元。

利率也是財富增長的速度，一方面投資自己、升職加薪，另一方面學習投資、做好資產配置。本書將重點介紹提升利率的投資產品類別，你可以根據自己的情況，尋找適合的投資組合。

第三要素：積累時間。每年投入七萬元，七十年後帳戶餘額將超過一億元。如果你回過頭觀察每一年的帳戶餘額，會發現第十年只有不到一百萬元的存款。

最後是堅持，很多人希望一下子就成功，但事實上不太可能。理財是一場漫長的戰役，應該是看誰能堅持到最後，而不是看誰能在一時取得勝利。

多數人認為理財必須降低生活品質，還不如及時行樂，現在就過享樂的生活。其實，理財是教我們用科學的思考方式做決策，在有限的資源中權衡利弊，分析哪個目標更優先，從時間的角度思考是否晚一點再享受，以獲得更好的結果。

你越能控制自己、不貪圖眼前的安逸，未來越能實現更大的目標。事實上，本書的初衷是在提升生活品質的前提下，讓你擁有更健康的財務狀況、更自由的人生。

當你逐漸瞭解金錢的祕密，那些模糊不清的財務狀況、總覺得錢不夠花的緊迫感，將逐漸消失，取而代之的是明確的行動步驟、毫不猶豫的決心，以及用之不竭的熱情。

你不妨馬上試著回答前一節的調查問卷。邁出理財的第一步並不會非常難，更重要的是，這一步會讓你更加靠近理想的生活。

懂得花錢才能變有錢，你能抗拒「名人推薦」嗎？

如果有人問：「你會買東西嗎？」也許你會感到奇怪：「誰不會買東西呀？」但有些人的確不會購物，因為能買的東西實在太多，然而我們擁有的錢是有限的。我曾經收到一位讀者的來信，他問：

我去年換了一份工作，參加餐會時才忽然發現，衣櫃裡明明有一大堆衣服，卻沒有一件適合出席正式場合。是我太節省了嗎？難道節儉有錯嗎？

買便宜的衣服看似節儉，實則是累贅。試著想像一下，每天早上一睜開眼，拿起手機滑社群軟體，走出家門後，坐上捷運、公車，或在路上開車，都會看到各式各樣的廣告。即使是聽廣播、看粉絲專頁、追劇，隨時隨地有人向你推銷商品，甚至連和朋友、同事聊天時，也會有人推薦你買各式各樣的東西。

行銷專家分析幾百萬筆人腦核磁共振的成像數據後，發現一個驚人的事實：當別人向我們推薦東西時，比如一支口紅或一家商店，大腦會關閉理性思考的區域，而負責社交和情感的區域，卻會產生劇烈的活動，產生慾望、驕傲、羞辱、內疚或愛的感受。

朋友的推薦會刺激大腦中的感性區域，造成和生理渴望，像是飢餓、口渴類似的感覺，並發出信號：「哇！我想去試試！」我們每天過五關斬六將，試圖忽略成千上萬條推銷的廣告，但許多人沒想到，最後會敗在好友推薦。

你現在是否能理解，為什麼那些慫恿你不停購物的時尚部落客，都喜歡展現出猶如你好友的樣子吧。既然對手如此強大且無孔不入，用聰明的消費觀武裝自己就顯得更重要。

購物時容易失心瘋嗎？聰明消費必備4絕招

如何避免不恰當的消費？我認為絕不是靠省錢就能達成目標。接下來，我分享四個讓其他讀者屢試不爽的絕招，希望可以幫助各位提升消費意識、改變消費行為，成為聰明的消費者。

❖第一招：搬家炸裂法

「炸裂」一詞來自英文 purge，是清掃和清除的意思。請各位設想一下，如果你必須馬上搬家，需要有組織、有計畫的大掃除。這裡所說的炸裂，就是你在奔向新生活前，迅速果斷地找出過去塵封已久、未來也幾乎不可能使用的物品，與它們斷捨離。

如何判斷一樣東西有沒有價值？你可以將對那樣東西的喜愛程度，劃分成一到五分的標準，再乘以每個月使用的頻率。所有低於十分的東西，都可以根據具體情況丟棄。我們常犯的錯誤是：

- 高估購物的快感，因此購買不需要的東西。
- 錯估實際使用時的場景或頻率，購入過於粗糙的日用品。

如果一件東西的使用頻率低，而你對它的喜愛程度高，這件東西對你的意義可能並不大。如果喜愛的程度低而使用頻率高，為什麼不替換成更物美價廉的物品呢？

我把這個方法告訴一位朋友，她立刻發現，自己每天使用的菜刀又鈍又重，於是果斷更換一把小巧的名牌菜刀，現在每天做飯的效率和幸福指數飆升。至於那些變形的鞋子、一年沒穿幾次的衣服、半年沒彈過的樂器，請你統統妥善處理掉，因為可能以後根本不會用到。

我們常在搬家時扔掉許多東西，藉機處理不必要的東西，這個方法會讓你覺得就像搬了一次家。否則當你真的面臨必須搬家的狀況，會感到更痛苦，不明白自己為什麼留下這麼多沒用又佔空間的東西。

減少購買次級品，讓我們能理直氣壯地選擇好東西。如果你總是在網路上購買廉價衣服，久而久之就不再認為買得體的好衣服是必要的事，但實際算一算，最後那些被你丟掉、不合適的衣服，總價可能遠高於一件好衣服的價格。

賈伯斯曾因為找不到滿意的家具，整個客廳只放置一盞落地燈，這其實就是「與其將就，不如堅持、講究」的態度。我們不用追求擁有太多東西，而是擁有的每一件物品都恰到好處。這個方法值得你堅持實行，一方面可以提醒自己消費是否合理，另一方面可以幫助自己騰出更多物理和心理空間，購買真正的好東西。

未來在買東西前，也可以用這一招（見圖2-3）。想像一下，**如果三或六個月後，你要搬家了，在已有十幾個大箱子的前提下，即使再辛苦，也要把這件東西帶走嗎？如果答案是不，請三思後再買。**

圖 2-3 購物決策

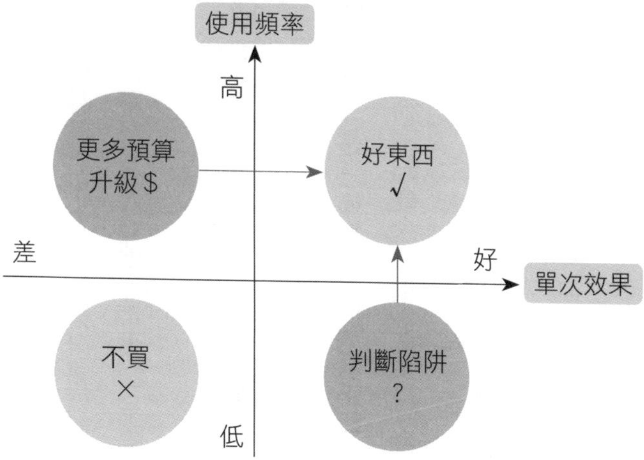

❖第二招：一〇%「品質生活」基金

有時候，買些好東西真的需要勇氣和魄力。

理財和消費容易產生矛盾，我們既希望改善生活，又不希望過度揮霍。如果你有這樣的糾結和罪惡感，不妨試試一種有意思的方法：一〇%「品質生活」基金。

這個方法來自我的一位朋友。她每個月會拿出薪資的一〇%，買點平常不太捨得買的物品，用來提升生活品質，比方說，買一件純羊毛針織衫，或是換一個高質感的通勤包。

穿一件喜歡的衣服會讓你更有自信，這樣的升級會讓你感覺更有資格享受美好生活。這也是一種魄力消費，按照計畫買些平日捨不得買的東西，和衝動消費完全不同。有計畫讓你不再有罪惡感，帶來的幸福也會更持久。

❖第三招：多買資產，不買負債

所謂的資產，是只能為我們帶來正收益的東西，而負債則會從口袋中拿走你的錢。這不只是財務上的概念，也是投資時會考慮的事項，其實這一招是要教你用投資的思維去消費。

當我們將一筆錢拿去投資時，總會思考這筆投資未來會為自己賺進多少錢，而回報少通常讓人不高興。然而，但是當你花費更大的金額時，卻很少思考購買這件東西後，帶來相應的回報。

人每天都要吃飯，花費在吃飯上的金錢，究竟屬於資產還是負債呢？食物能為我們補充生存的能量，因此這筆錢當然應該花。更進一步思考，如果營養均衡的餐點和多油多鹽的垃圾食品價格相同，你會選擇哪個？很明顯地，前者才是明智的消費，因為好食物對身體才是優質資產。雖然垃圾食品在你餓的時候也能救命，但實在不能算是好食物。

所以，無論是買回來只穿一兩次的衣服、放到過期的化妝品，還是快速淘汰的電子產品，統統屬於負債。多數情況下，這些消費除了讓你白白付出一筆錢，並沒有帶來太多收益。**因此，在花錢之前就要想到：千萬不要買未來會成為負債的東西。**

❖第四招：多為自己買單

若你現在手上有一萬元，你會買一個PRADA的入門包，還是會買一張高級的床墊呢？這兩樣東西的價錢差不多，但是背後的意義有很大差別。

雖然可以列舉一百個買名牌包的理由，但其實都是為了別人眼中的自己。購買一張幾乎不會讓別人看到的床墊，卻是對人生三分之一時光的投資，才是對自己真正的體貼。想知道一個人生活品味的高低，不用看他穿什麼服飾、背什麼皮包，只要看他在自家浴室中使用什麼樣的毛巾。在別人看不到的地方，你讓自己保持什麼樣的品味呢？

保羅・福塞爾（Paul Fussell）在《格調》（*Class: A Guide Through the American Status System*）一書中提過：「**在一般人看不到的上流社會生活裡，完全沒有我們想像中的名牌奢侈品，他們會花錢去訂制自己喜歡、真正舒適的東西。**」

所以，如果想要明智地為自己買單，切記「我需要、我喜歡、我適合」的「三我」法則，時刻把自己真正的需求放在核心。

消費前，請鄭重地詢問自己：我需要這件東西嗎？是健康或自我成長方面需要，還是虛榮心作祟？我喜歡這件東西嗎？是真的喜歡還是人云亦云而喜歡？這件東西適合我嗎？是否符合我的消費能力，而且適合現階段的生活狀況？

一般來說，當你可以回答這三個問題，就能明白自己是否真的在為自己消費。日常生活中，還有很多常常忘記為自己消費的地方，例如：日用消耗品、新鮮營養的食品、經常使用的家電，以及好用的電腦和其他工具等。

你學會以上四招後，未來在消費時會有更明確的判斷。最後，再送上幾條黃金小提醒：

- **永遠不吝惜投資自己。**學習到的知識永遠屬於自己，而且可能在未來帶來難以估量的回報。我身邊有很多例子：因為多學習一個技能，讓未來的收入大幅提高；因為投入時間、金錢考取證件和執照，獲得更多升職和加薪機會。所以，永遠不要吝惜投資自己提升能力。
- **能用錢解決的問題，盡量用錢解決。**時間成本比金錢更為重要，並非所有的事都有高的「性價比」，追求低價、高品質，本身就是浪費專注力的行為。從網路上下載PDF格式的電子書，雖然省錢，但讀書體驗可能比紙本書差，或花費太多搜尋時間，消耗閱讀的熱情，不如果斷花錢購買紙本書籍。專業性較強的學習需求，比起零碎的免費課程，應該優先選擇有系統的付費課程。付費的產品並不一定好，但至少有一定的保障，還可以減少搜尋時間。
- **提前做好年度的常規性消費規劃。**很多人習慣在每年年初為自己訂立計畫，但很少會想到訂定消費計畫。其實規劃消費有很多好處：一方面可以逼自己盤點已經有的物品，避免重複消費，另一方面也在年初最有決心時，想清楚自己需要什麼，避免糊里糊塗的開銷。

對女生來說，每年最需要的無非是衣服、保養品等，男生除了衣服，可能會考慮電子產品。這些東西容易產生類似的問題：買一百樣沒用的物品，不如買一個經典或高品質的。提前想好使用的場合和搭配，以免要使用時很著急。如果因為投入過大而無法一年買齊，也可以分幾年購買。

● **積累自己的好物清單**。我曾經邀請簡七讀財的所有讀者，寫下過去五年內自認最好的消費項目，大家非常踴躍，給我非常多的靈感。如果你能積累真正為自己帶來好處的消費項目，往後所做的消費決策也會越來越明智。

下頁的專欄提供「好物清單」，希望其中的內容對你有所啟發。這個週末，請實行搬家炸裂法，評分自己的庫存物品、丟掉負債，並列出好物清單吧！

專欄

最有價值的好物清單

- **正版書籍：**閱讀是性價比最高的投資，獲得知識能創造更多財富。
- **優質的化妝品和保養品：**塗抹在臉上和身上的東西要用最好的，千萬不要貪便宜買劣質產品，萬一造成皮膚問題，要花費更多的金錢。
- **合適得體的衣服：**應該花些錢買一件得體的衣服。
- **線上影音串流服務會員：**成為付費會員可以跳過廣告，還能看到各式各樣的電影、劇集。
- **線上付費音樂：**每個月花一些錢，便能聽到喜愛歌手的最新專輯，還可以下載歌曲。
- **生產力工具：**手機、平板、筆記型電腦，也是大幅提升工作效率的生產力工具。如果你打開應用程式時經常花費很多時間，趕緊換新的吧。
- **優質的付費APP：**時間管理類等優質應用程式都採取收費模式。

- **考試模擬考題**：與其花時間上網蒐集模擬題，還不如花錢購買全套題庫。
- **私人健身課程**：教練不僅可以幫你糾正錯誤動作，更提供專業的指導。
- **付費的培訓課程**：如果想要提升專業技能，可以花錢購買別人長期積累的專業知識和視野。
- **考駕照**：很多工作會優先考慮錄用有駕照的人，沒有駕照無形中失去很多工作機會。
- **更快捷的交通工具**：加班到很晚，卻為了省錢捨不得叫計程車回家，是最浪費的行為。
- **單眼相機**：手機也能拍照，但單眼相機的拍照效果確實勝於手機。
- **定期清潔服務**：有些上班族會請清潔人員協助家務，多餘的時間便能調整休息、享受生活。
- **質地優質的寢具**：質地好的寢具、舒適的大床有助於提升睡眠品質。
- **保險**：合適的保險能為我們轉移不必要的風險，避免出現更大的損失。

- **健康的食物**：多花錢吃些新鮮、有營養的綠色食物。
- **成套的精緻餐具**：讓食物看起來更可口，增加用餐的幸福感。
- **租好一點的房子**：寧可多花點錢，也別和素質不高的人合租。
- **博物館專業導覽服務**：多花一些錢使用導覽，可以瞭解很多專業知識，若有不懂的地方還能詢問導覽員。
- **高質量的旅行**：與其在熱門景點浮光掠影地拍照，不如規劃深度旅行，深入瞭解當地文化，才能開闊眼界。
- **投資自己**：打造更好的自己永遠是最好的投資。

5 步驟灌滿「財富水池」，23K 也能擺脫月光

談到理財，有人會說：「我每個月的薪資就這麼一點，房租、電話費、三餐、交通，要花錢的地方那麼多，到了月底哪還有錢理財呢？」許多年輕人即使已畢業很長一段時間，也摘不掉月光族的標籤。

在理財道路上，月光是大多數人遇到的第一隻攔路虎。當領到薪資想要存錢時，總有各式各樣要花錢的地方。若想告別月光，可以透過五個步驟實現（見圖 2-4）。

❖別成為葉公好龍式的理財者

大多數人愛錢的方式可分為兩類：一種是刻舟求劍式，另一種則是葉公好龍式。

圖 2-4　五步驟，讓財務進入良性循環

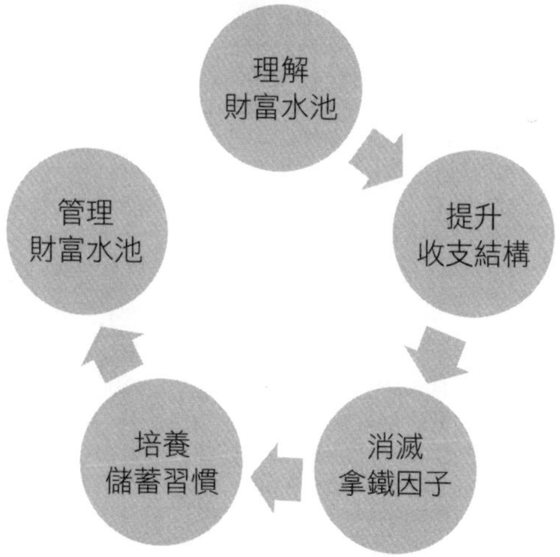

刻舟求劍式相當好理解，意思是把幸福、快樂，寄託在金錢的數量上。

二〇一七年一月，胡潤百富發布的報告指出：財務自由的門檻比二〇一六年上漲五〇%。

其中，中國一線城市達到人民幣二．九億元，二線城市達到人民幣一．七億元。若按照這個標準，大部分人只能天天生活在苦悶之中。

要是一味迷戀數字的增長，將如同巴爾札克（Honoré de Balzac）筆下的主角葛朗台，積累大量財富，卻從未好好過生活。

事實上，很多人之所以能活成自己喜歡的樣子，跟金錢的絕對數量沒有太大的關係。因此，刻舟求劍式的愛錢並不可取。

接下來，向各位介紹葉公好龍式的愛錢。春秋時期，楚國的葉公非常喜歡龍，家中器物、房屋上都刻劃著龍的模樣。有一天，真龍知道這件事便到葉公家中，把頭探進窗子。葉公一見到真龍，竟然嚇得拔腿就跑。

具體來說，什麼是葉公好龍式的理財呢？我的朋友琳達在一家外商公司擔任行政主管，月薪人民幣八千多元。踏實穩重的她有一天忽然問我，有負債時該怎麼理財。二〇一六年，琳達被朋友拉進一個投資虛擬貨幣的平台，不僅賠光積蓄，還欠下人民幣五萬元的信用卡借款。但我們最近一次見面時，她仍跟我分享，過年時花一千多元買了五支口紅。她解釋說：「買口紅用不了多少錢，年底總要犒賞一下自己。」

我們千萬不要只嚷著要理財，卻沒有花時間瞭解自己真實的財務狀況，糊里糊塗地管理自己的錢。所以，告別月光的第一步，是要誠實勇敢地面對自己，畫出自己的財富水池模型。

圖 2-5 理解財富水池

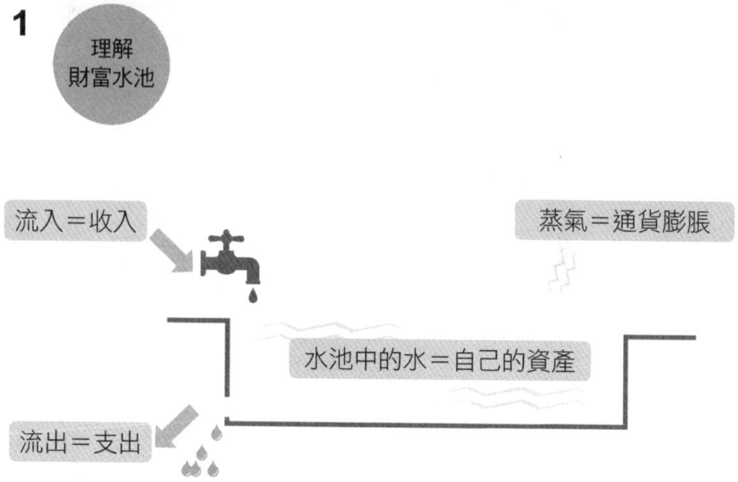

❖步驟一：理解財富水池

所謂「財富水池模型」，是把收入和支出想像成流水，自己的資產是一座蓄水池，而通貨膨脹則是水的無形蒸發。我們要做的，是讓水池的進水速度超過蒸發速度，**以理財術語來說，就是透過投資，讓錢增值的速度超過物價上漲的速度**（見圖2-5）。

財富水池模型：

- 日常現金池：高頻率、小額的日常生活支出，如餐飲費、交通費、治裝費等。

- 中短期目標池：低頻率、大額的支出，例如：每月繳納的房租、每年交的保險費、三至六個月的生活費緊急預備金帳戶。
- 長期金鵝池：沒有特定用途的強制儲蓄，按照養小金鵝的心態，進行長期投資。為了財務自由而存下的錢（見圖2-6）。

請你試著畫出自己的財富水池，每個月流入多少？流出多少？剩下的部分都安置在哪個池子裡？這個步驟有助於釐清收支結構、強化儲蓄計畫，以及檢查自己的錢是否放在正確的地方。

❖步驟二：強化收支結構

一般來說，收入主要有以下四個去處：

圖 2-6 根據用途，分為三個小池子

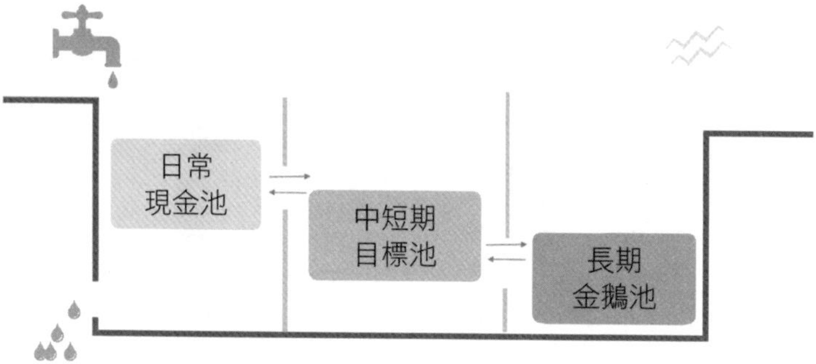

- 日常的必要支出，例如：衣、食、住、行上最基本的開銷。
- 偶發的必要支出，例如：旅行、婚禮紅包的錢，以及給父母的孝敬費等。這些支出看似偶發，卻難以避免。
- 非必要支出，例如：每個月隨意的網購消費、買打折的名牌包、每天喝星巴克等。
- 少量結餘。

那麼，什麼樣的收入分配比例才合理呢？（見圖2-7）

圖 2-7　合理的收入分配比例

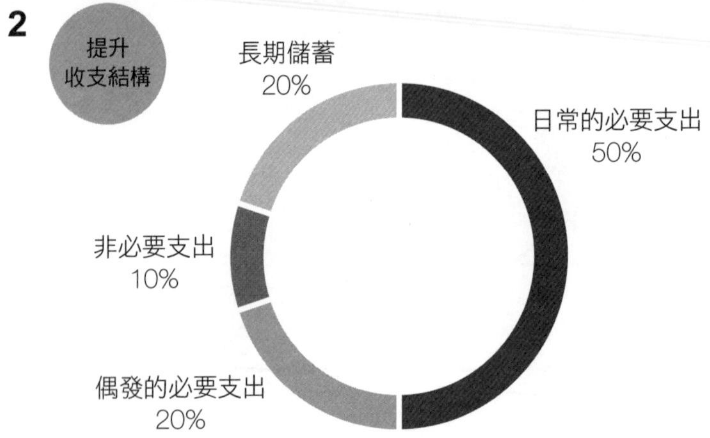

- 日常的必要支出：佔收入的五〇%。

若日常的必要支出遠遠超出收入的五〇%，達到八〇%、甚至九〇%，我建議將現階段的重點，放在提升自己的收入水準。

- 偶發的必要支出：佔收入的二〇%。
- 非必要支出：佔收入的一〇%。
- 長期儲蓄：佔收入的二〇%。

你可以對照自己的消費結構，檢查有沒有超支的部分？在我們推展理財教育的過程中，很多人信誓旦旦地表示，自己的每項支出都非常必要、無法削減。如果你也和他們一樣，建議你一定要閱讀步驟三。

❖步驟三：消滅拿鐵因子

拿鐵因子是指每天生活中可有可無的習慣性支出（見圖2-8），例如：每天午飯後的拿鐵咖啡、看到商場促銷就買的衣服、付了錢卻不去使用的健身會員等。

這個概念源於一個故事：一對夫妻每天早上一定要喝拿鐵咖啡，這筆看似小額的花費，三十年竟然累積達到七十萬元。如果不知道這個概念，每個月除了咖啡外，各種瑣碎的支出會在不知不覺間消耗你的錢包。

結合上一節，消滅拿鐵因子的好辦法是成為聰明的消費者，買東西前多問自己是否「需要、喜歡、適合」，隨時把真正的需求放在核心位置。而且，越早分析收入和消費，便能越早發現賺的錢到底來自哪裡、花到哪裡。

圖 2-8　消滅拿鐵因子

❖步驟四：培養儲蓄習慣

人們往往誤以為，只要提高收入，一切問題都能夠迎刃而解。然而，我們的生活成本會增加、慾望會升級，提升生活品質的訴求卻不曾消失。生活不受限制、隨心所欲只是一種理想狀態，如果一味追逐這樣的自由，在前期揮霍太多資源，恐怕會更快進入財務困難的窘境。

我們確實不該太計較金錢本身，但明明想要追求自在的生活，卻陷入窘迫的泥沼，這並不是真正想要的自由。

很多年輕人不像上一代只想積累更多的財富，他們更有活力、更有想法和理想、更追求自由自在的生活。但是，自由自在不可能憑空而來，生活在商業社會，總會遇到各式各樣的問題。

合理的規劃與「不想被生活拖累」並不對立，從容生活本身就是一種自由的能力。實際上，合理的儲蓄也可說是「支付給未來的自己」。既然要存錢，該存多少金額才合適呢？大前提是不會影響生活品質，不一定越多越好，所以要對存錢的額度心中有數。

如果你至今還沒有養成固定的儲蓄習慣，以下提供兩個簡單小訣竅。**第一個小訣竅：牢記「先支付自己」**（見圖2-9）。

在商場消費是把錢支付給商家，繳信用卡費是把錢支付給銀行，只有儲蓄是把錢支付給自己。按照這個邏輯，你是不是更想存錢了呢？大部分人雖然有這個想法，卻無法好好存錢，其實就是忘記這個的原則。

大多數人拿到收入時，總是先支付必要支出與非必要支出，最後剩下多少才存多

圖 2-9　先支付自己

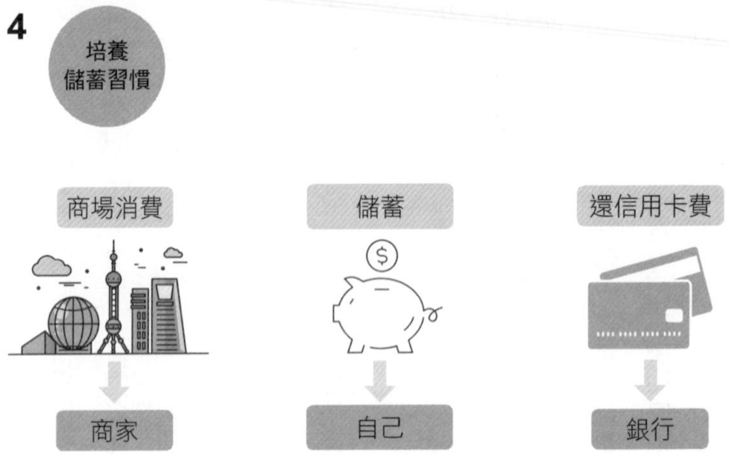

少。如果能夠轉換為：支付完必要支出後，直接強制儲蓄，剩下的部分才用於非必要支出，情況將大不一樣。不要小看簡單的思維轉變，很多人都因為這個轉變，終於存到第一桶金。

第二個小訣竅：一〇／五〇法則（見圖2-10）。每月儲蓄薪資的一〇％，不會影響你的生活品質。同時，將意外收入、獎金、加薪的五〇％存下來，用剩餘的五〇％好好犒勞自己。

圖 2-10 10／50法則

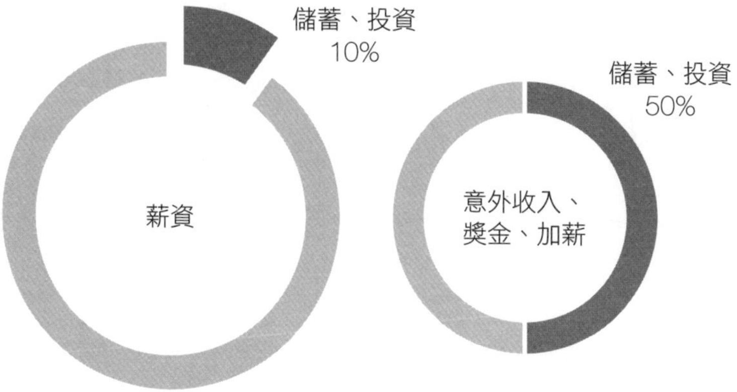

❖步驟五：管理財富水池

介紹完儲蓄後，接下來說明如何把存下來的錢投入不同的地方。根據資金量的不同，你的選擇也應該不同。

大部分人剛開始存錢時，資金大都是幾千元，可以考慮購買金融平台上的定期理財產品，作為儲蓄工具，再結合步驟一畫出的財富水池。

還記得那三個帳戶嗎？你可以開始使用手機中的記帳APP。

很多人無法持續記帳，是因為

圖 2-11　三類帳戶

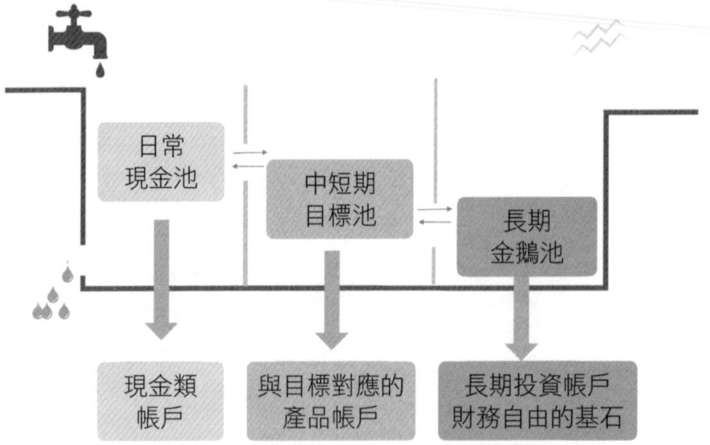

容易忘記，最後導致自亂陣腳。因此，我建議用最簡單的方式記帳：只記帳戶餘額。每個月在固定時間整理一次，比如發薪日當天。你只需要做好帳戶的初始設置，之後每月更新餘額即可。

該如何設置呢？以某個記帳APP為例，你可以新建一個記帳本，將資產的界面按照用途分成三類帳戶，並將五花八門的信用卡、金融卡、基金、股票、定期理財等羅列出來（見圖2-11和2-12）。

- 日常現金池：放入貨幣基金

圖 2-12　資產界面

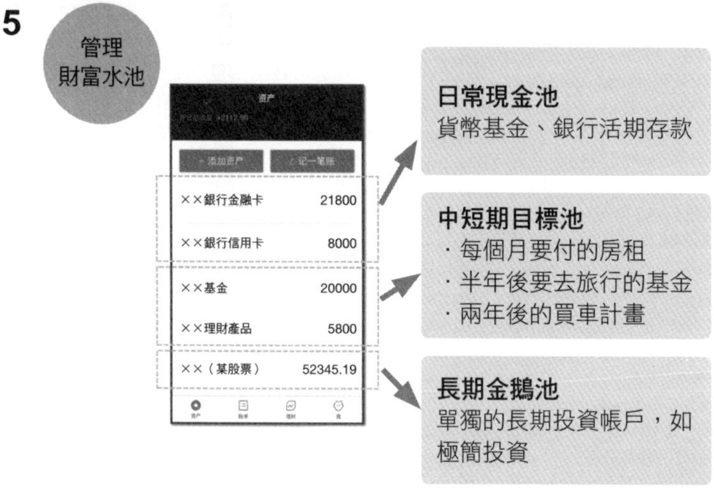

或銀行活期存款，記錄現金池的資金進出。

- 中短期目標池：建議依照不同用途，單獨以某類產品來打理。如果是相對剛性的需求，像是每月要付房租，應提前把需要的錢存在單獨的定期理財產品中。如果是有彈性的支出需求，如旅行經費，可以考慮放在波動較小的基金中，既方便記錄又方便管理。
- 長期金鵝池：以單獨的投資帳戶存放養鵝基金，不用於短期支付，只作為長期投資。

希望各位讀完本節後，能立刻開始行動：為自己設定一個儲蓄帳戶，從下個月發薪日開始，立即存入給自己的第一個一〇％薪水。請記得：**養成良好的儲蓄習慣，能夠更快實現理財目標。**

NOTE / / /

第 3 章

【CHECK】小心你的財務破口

一輩子能夠累積多少財富，不取決於你能夠賺多少錢，而取決於你如何投資理財，錢找人勝過人找錢，要懂讓錢為你工作，而不是你為錢工作。

——華倫・巴菲特（Warren Buffett）

利用4項能力指標，即早發現財務有何異狀

近年逐漸流行體檢，很多人的健康意識提升，會定期安排身體檢查，甚至遠赴國外做全身健檢。為什麼需要每年一次體檢呢？因為身體的潛在問題通常不會有明顯症狀，但等到爆發健康問題時再治療，很可能錯過最佳治療時間。

體檢有助於及早發現不正常的健康狀態和潛在疾病，以便盡快調整生活方式和治療。同樣地，財務狀況也需要定期檢查。

如果健康的財務是為了提供更自由的選擇，哪些潛在因素會造成你的阻礙呢？為財務狀況做一次體檢，確認自己做對哪些事、獲得什麼樣的財務自由。

圖 3-1 應急能力

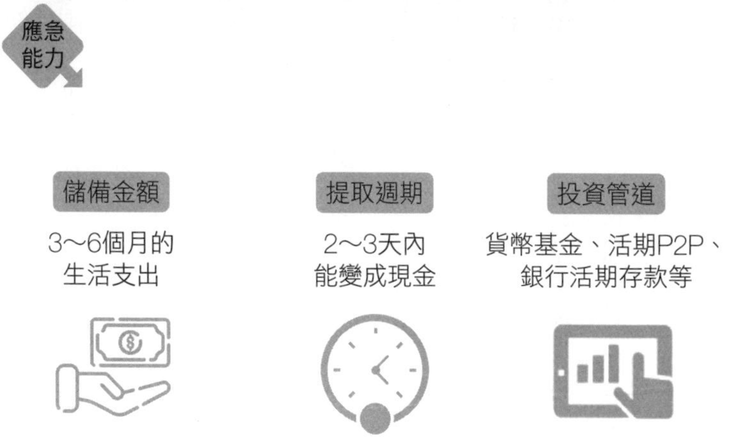

❖第一項指標：應急能力

應急能力參考指標（見圖3-1）：

- 活期資產÷每月日常支出
- 推薦數值：三至六個月

在好萊塢電影《真愛旅程》（*Revolutionary Road*）中，由李奧納多．狄卡皮歐（Leonardo DiCaprio）與凱特．溫斯蕾（Kate Winslet）飾演的一對中產階級夫婦，住在美國一個叫作革命路的社區裡，他們為了追求刺激，準備辭掉工作搬到巴黎。

在兩人辭職的那天，女主角焦慮地問：「我們現在沒有收入了，該怎麼辦？」男主角信心滿滿地回答：「即使從現在開始完全不工作，帳戶裡的錢也夠我們生活六個月！」

這裡要稱讚男主角的智慧，這句台詞中隱含了此處要討論的第一個指標：應急能力。你是否為自己準備一筆錢，能夠在二至三天內，應付將來三至六個月的生活支出？如果你每個月需要花費約五千元，存下一．五至三萬元的資金便算合格。

這筆錢可以存在哪裡？**由於應急資金需要隨時能取用，建議存放於在兩、三天內可提領現金的帳戶裡**，例如：貨幣基金、銀行活期存款等。當然，銀行活期存款利率太低，建議大家還是放在貨幣基金裡。

貨幣基金由基金管理人運作，專門投向風險較小的貨幣市場，具有高安全性、高流動性和穩定收益性。只要做好充分準備，你既能底氣十足地選擇自己喜歡的工作，也可以來一場說走就走的旅行。

圖 3-2　償債能力

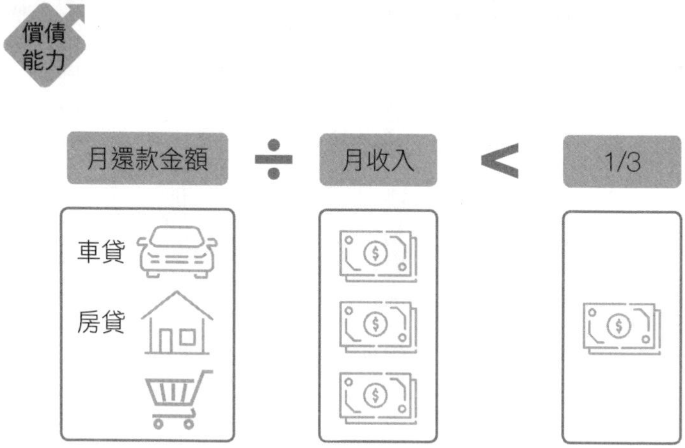

❖第二項指標：償債能力

償債能力參考指標（見圖3-2）：

- 月還款金額÷月收入＜1/3

也許有些人認為「債務」與自己無關，自己不需要借貸，而且負債會產生非常大的心理負擔。我身邊確實有朋友，到現在仍不使用信用卡，因為不喜歡有負債的感覺。

二〇一〇年，有個朋友準備在家鄉買房，全新社區內的一房一廳，總價是二十萬元人民幣。他當時手上正好有二十萬元左右，於是思考應該一次付清款項，還是只付三〇%的頭期款貸款買房。

不知道你的心裡有沒有答案呢？這位朋友認為負債令他不安心，於是一次付清二十萬元的房款，而那個社區一房一廳格局的房型，現在已經漲到五十萬元人民幣。試著計算看看，如果當時他只支付頭期款六萬元，其實足以買下三套房屋，那麼現在資產總額是一百五十萬元。

這就是「財務槓桿原理」（financial leverage principle）的魔力。**財務槓桿是利用自己和別人的資源，撬動更大的資源，博取更高的收益**。所以，當借款成本合理時，應該盡可能地使用財務槓桿工具，獲得財務自由。

以目前不到五%的房貸利率來看，針對「買房是否該一次付清」的問題，答案就相當明確了。選擇支付最低頭期款、最長時間的貸款，才是較明智的選擇。

不過，還要特別注意一個指標，就是不要讓每個月必須還款的金額（包括車貸、房貸）超過收入的三分之一。一旦還款金額超過收入的四〇%，會對你造成相當大的壓力，而且如果出現失業、疾病等意外情況會更麻煩。因此，保持良好的償債能力，

圖 3-3　保障能力

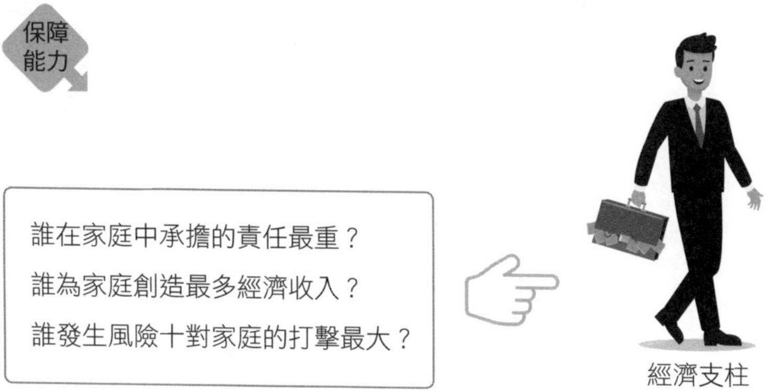
保障能力
誰在家庭中承擔的責任最重？
誰為家庭創造最多經濟收入？
誰發生風險十對家庭的打擊最大？
經濟支柱

對個人的財務健康非常重要。

❖第三項指標：保障能力

保障能力參考標準（見圖3-3）：

家庭收入的主要貢獻者，要配置一定的保障。

你有沒有買意外險或是重大疾病險？保險額度是否足夠治療重大疾病？有沒有買壽險？買的額度是否足以償還家庭大額貸款？

很多人認為保險是買給家裡的老人和孩子，但我認為其實保險的本質是愛和責任。家庭的經濟支柱有沒有為自己購買足夠的保險？因為一旦發生意外，保險公司賠付的錢將足以照顧家人。

各位應該都有坐飛機的經驗，航空相關人員必須在飛機起飛前，檢查所有設備是否正常運轉，例如：乘客是否關閉電子設備、收起桌板。接下來，空服人員要為乘客介紹飛航安全宣導，才能確認起飛。

如同飛機起飛前要做好各種準備，你投資前也要備妥各種保障。所有的保障都是為了讓投資處於安全平穩的狀態，因此保障能力是否足夠，將決定你能否獲得責任自由。請大家務必注意。

❖第四項指標：生息能力

生息能力參考指標（見圖3-4）：

圖 3-4　生息能力

生息能力

投資方法	年化收益率	財富情況
活期	0.35%	縮水
貨幣基金	3% 左右	跑贏通貨膨脹
簡單投資	大於 6%	再接再厲
穩定長期的投資策略	8%	優等生

- 可賺取收益的總資產量÷總資產≧三〇%
- 總體投資收益率≧五%

最後是大家最關心「以錢生財」的能力，**當投資的收益足以支付所有的生活支出時，就實現初步的財務自由了**，你不需要為了賺錢而汲汲營營地工作，而是可以選擇做自己喜歡的事。如何早日實現這個目標？它由什麼決定呢？

前文曾提到三個要素：本金、利率和計息期。本金與良好的儲蓄習慣有關，而本節要分析的是利率

（或稱收益率，也叫生息能力）。

- 如果你把錢全部放在活期帳戶裡，利率是〇・三五％，很抱歉，你的財富正在縮水。
- 如果你把錢放在貨幣基金裡，收益率在三％左右，恭喜你至少贏過通貨膨脹，不過還有很大的提升空間。
- 如果你藉由簡單的投資，收益率超過六％，你值得給自己一些獎勵，讓未來再接再厲。
- 如果你有穩定長期的投資策略，收益率可以維持在八％以上，代表是擁有很棒成績的優等生。

有人會疑惑，自己買了銀行理財產品、貨幣基金，還做了基金定投，每個理財投資的時間和收益都不一樣，怎麼知道自己去年的收益是多少呢？

簡單來說，收益是指財富增值的部分。將賺到的錢除以投入的成本，計算出的比

圖 3-5 兩種不同的獲利方式

生息能力

成本	4元 （購買股票）
時間	一年後
成果	漲價至5元
收益	1元
收益率	1元／4元（成本）＝25%

成本	100,000元 （銀行理財或其他）
時間	一年期
成果	105,000元
收益	5,000元
收益率	5%

率就是收益率，反映投資活動的回報情況。我們可以發現，大致上有兩種不同的獲利形式（見圖3-5），分別是「轉讓價差」與「金鵝下蛋」。

轉讓價差指的是商品買出賣出的價差。舉例來說，你用四元買的股票，一年後漲到五元賣出，增加的一元便是轉讓價差收入。用一元除以成本四元，收益率是二五％。

金鵝下蛋指的是股息、利息等收入。舉例來說，用十萬元購買年化收益率五％的一年期理財產品，到了年末會分配到五千元利息。

剛才舉的都是以一年期為例子，如果你的股票花了兩年才漲一〇％，或者買的銀行理財產品是三個月，該怎麼計算呢？如何比較哪個方法更賺錢？這時要把它們統統換算成「年化收益率」。

年化收益率是指把當前的收益率，像是日收益率、週收益率、月收益率，換算成年收益率，這只是理論上的比率，並不是真正已取得的收益率。例如：日利率是〇・〇一％，平均每年有三百六十五天，則年化收益率就是三・六五％。

通常，投資結算週期在一年內的產品，例如：三十五天的銀行理財產品、七天期的國債逆回購（註：將資金透過國債回購市場拆出，相當於短期貸款，即把錢借給別人，獲得固定利息；別人用國債作抵押，到期時還本付息）等，理財銷售員會以年化收益率宣傳收益水準。

值得注意的是，不要誤以為五％的年化收益率，代表投入一〇〇元能收回一〇五元，而是要按照投資期限換算。假如是投資半年，即使年化收益率為五％，半年後你也只能拿到一〇二・五元。

前文提到的收益率，是指將所有投資報酬率換算成年化收益率後的數字。可以用它來衡量投資是否成功，而成功指標是：有沒有高於通貨膨脹率？有沒有高於銀行一年期存款利率？這些都是以年計算，因此方便比較。

如果你投資的產品非常多、期限較複雜，可以上網搜尋「內部投資報酬率」（Internal Rate of Return）的介紹和計算公式，它能幫忙解決九〇%以上的收益率計算的問題。

有人說：「我想要收益率二〇%、三〇%的產品，有什麼好建議嗎？」希望各位先瞭解，即使是股神巴菲特，在一九五七至二〇一〇年的投資回報情況，也只有二〇%左右的年化收益率。

比起靠運氣一次賺取高收益，我們更應該尋找長期穩健的合理收益。二〇%的年化收益率已如同神一般的水平，一般人藉由資產配置追求收益，長期穩定維持在八%至一二%，便是理想的狀態。

在回顧本節知識（見圖3-6）的同時，請各位動手計算自身財務的四個能力，為自己的財務健康打分數。

首先，檢查自己的應急能力，掌握說走就走的自由。其次，檢查自己的償債能

圖 3-6 體檢指標詳細算法

生息能力

指標	具體作法	標準	得分
應急能力	短期內能夠變成現金的金，除以你的月支出金額	＞3則得1分	
償債能力	月還款金額／月收入	滿足得1分	
保障能力	家庭經濟支柱，配置一定的保障	滿足得1分	
生息能力	(1) 全部可賺取收益的資產量／總資產≧30% (2) 總體投資收益率≧5%	同時滿足得1分	
		合計：	

力，取得聰明的槓桿自由。

然後，檢查自己的保障能力，獲得對家人的責任自由。最後，檢查自己的生息能力，希望早日實現財務自由。

做完體檢後，不妨著手改善相對薄弱之處。希望你讀完本書後，能找到彌補不足的方法。

借貸也是種投資！
挑對管道讓資金周轉更靈活

各位平時會借錢給誰？需要用錢時，是否能找到合適的管道？借錢聽起來是個相當敏感的話題，但其實和賺錢有一定的關係。

身處金融體系越來越完善的現代，學會合理地借錢，可以獲得不少好處，房貸就是典型的例子。**另一方面，瞭解借貸的原理，學會控制方向，把錢借給合適的需求方賺取利息，也是一種非常有價值的投資方式**。如果想好好賺錢，必須重新認知借錢的真諦。

首先，請各位設想以下兩種情況，你更願意借錢給誰呢？

● 情況A：小天馬上要付房租，但他一週後才發薪資，在房東的急忙催促下，他只好向你求助借兩千元。

- 情況B：芳芳是你的好閨密，最近看上一款名牌包。但是，自己的薪資根本買不起奢侈品，信用卡也一直只繳付最低金額，於是他為了買包向你借一千元。

你應該聽說過這個大原則：救急不救窮，所以問題的答案很明顯，大部分的人會借給情況A的小天。

當遇到困難需要借錢時，無論是向親朋好友求助，還是向專業的金融機構申請借貸，原則都是救急不救窮。為了更快速、更低成本地獲得借款，不妨先確認自己屬於哪種情況。其實，討論願意借錢給誰，正是本章的逆向思維。

回答3問題，你可以避免扛錯房貸變房奴

以下提出三個問題，讓你瞭解如何評估借款是否合理，怎麼找到合適的渠道，用更低的成本有效借錢。

❖問題一：你是為好東西而借錢嗎？

既然準備借錢買東西，當然得買個好東西。前文談到財務體檢時，提到財務槓桿自由，意思是面對收益確定性較高的東西，要敢於用財務槓桿放大收益。

舉例來說，你向鄰居借一隻雞，答應十天後還他一隻雞和五顆蛋。十天過後，這隻雞生了七顆蛋，於是你留下兩顆蛋，做成兩份火腿煎蛋，並把雞和約定好的五顆蛋

圖 3-7　為好東西借錢

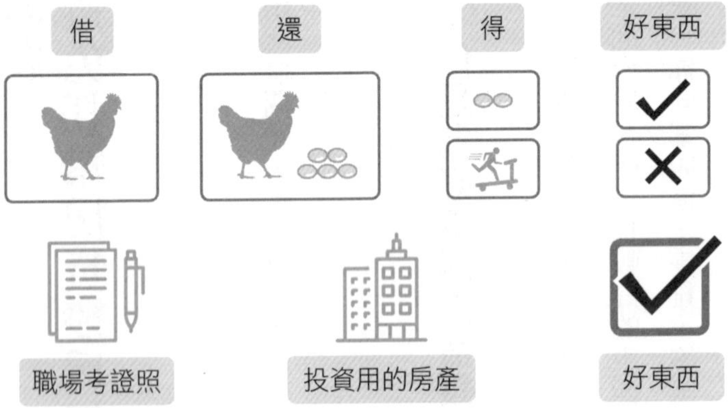

還回去。

借雞下蛋的買賣，就是我想說的「好東西」，扣除付出的利息，還能用多出來的兩個蛋做一頓美食（見圖3-7）。

但如果你正在減肥，多吃兩份火腿煎蛋導致今天攝取的熱量超標，那麼只能默默多跑操場十圈，還清自己欠的熱量債。

人們都喜歡借雞的買賣，也會為多餘的熱量感到後悔。前者讓自己得到好處，後者卻付出原本不必要的代價。以下是為好東西借錢的幾個典型情況：

- 考取證照的報名費。工作上考取證照需要花兩千元，然而一旦考取，每個月的薪資會增加八百元。
- 婚後自己住的房子。家人認為一定要擁有自己的房子才有安全感，情感上的需求也是考量經濟效用的一部分，雖然租屋是大部分人的最佳選擇，但畢竟每個人的觀念不一樣，適合自己和家人的需求最重要。
- 投資用的房產。它的租金和未來增值的速度，高於支付的房貸利息。

總之，不管向誰借錢，本質都是向未來的自己借錢。因此，如果想判斷借錢購買的是不是好東西，可以試著詢問未來還錢的自己，是否得到足夠的回報。

❖問題二：借錢會不會造成負擔？

在財務體檢的章節裡提到：償債能力是個重要指標。你應該瞭解自己的負債情況，並以此來判斷是否要借錢，以及要借多少錢（見圖3-8）。

圖 3-8　別讓借錢成為負擔

判斷標準一：

總負債÷總財富≦40%

判斷標準二：

每月還款額÷每月總收入≦1/3

判斷標準三：

半年、一年、三年後，收入如何變化，什麼時候還貸金額能在收入的1/3以下？

公式一：總負債÷總財富≦四○%

假如你原本擁有一百萬，借了八十萬買一棟價值百萬的房屋，那麼計算算式是：80÷（100＋100）＝40%，恰好在合理的範圍內。

公式二：每月還款額÷每月總收入≦1/3

如果你的月收入為四千元，卻要還三千元的債，可能會感覺壓力太大。

以下分享一個真實的案例。傑夫二十七歲，從事軟體開發的工作，月收入人民幣八千元，是他人眼中的有為青年。

他的妻子在淘寶網站上開店做生意，收入不太穩定，平均每個月能賺人民幣兩千元，狀況好的時候能賺一萬元。

傑夫一家的收入看似不錯，但在二〇一六年年底，他們買下一間三十六坪的房子，必須在十年內還清七成房屋費用。他們把本來不多的存款全部拿去付頭期款，每個月要償還人民幣八千元左右的房貸。

從此之後，傑夫的生活變得越來越拮据，不能像以前一樣大吃大喝，為了多賺一些錢，每天還要拚命加班。兩、三個月下來，曾經瀟灑的傑夫感到壓力重重，於是找我們幫忙規劃調整。

很多人會問：「要不要傾盡全部積蓄買房？」如果個人情況和上述情形類似，我不建議這麼做。理財是為了讓生活從容穩定，而不是為了為難自己。

如果一定要買房，請務必要記住：第一，只付最低的頭期款，不要付全額。第二，還款期限越長越好。你讀完本書後，投資收益率應該可以比目前房貸利率更高。

公式只是計算的方法，我們需要更真誠的思考模式。當好的機會來臨，可能會讓人覺得壓力過大，又覺得放棄的成本太高，不知道該如何抉擇？這時可以試著觀察自己的負債壓力。

請各位結合自己的收入變化，思考何時負債指標能達標，是半年、一年，還是三年內？如果你的負債比率能在五年內回到正常水平，代表目前的負債壓力只是輕度影響生活質量，可以考慮借款負債。

你結合動態負債率考量後，仍對想買的東西感到有點心動，不妨勇敢一點，說不定良性的壓力能激發潛能。分享其他讀者的一句留言：**「若你面對機會，在最壞的情況下也能自己承擔，就是最好的結果。」**

❖問題三：借錢的成本夠低嗎？

在解釋問題一時，曾提到：借錢的成本一定要低於帶來的收益，包括潛在與心理上的收益，而成本則是你要還多少利息。

一般來說，當我們決定要借一筆錢時，主要從三個因素來決定從哪個管道借款，分別是借款額度（能借到多少）、放款速度（多久能拿到錢）、利率（要還多少利息），下一節將提出五個借款的管道，它們各有不同的優點和缺點。

除了親友，借錢管道還有銀行、線上借貸平台……

以下介紹五個管道，讓你瞭解如何找到合適的方法，用更低的成本有效借錢。

親戚、朋友

首先，你會考慮向親戚、朋友借錢，借款額度可能有很多影響因素，不確定能借到多少。不過放款速度很快，一般答應後，很快便把錢轉給你。利率不確定，有的可能不用利息，有的按照月利率計算。

別忘了，按月計算和按天計算的利率，要轉換為年化利率，最簡單的算法是乘以十二或三百六十五，得到大致的年化利率。跟熟人借錢的優點是條件靈活，很多事情可以協商。缺點也很顯著，如果沒借成，可能造成關係產生裂痕或尷尬。

銀行

各大銀行都有提供個人消費貸款，例如：香港渣打銀行的「現貸派」、中國招商銀行的「消費易」。銀行的利率相對較低，通常月利率一％左右就可以借到資金，本息均攤還款，額度從人民幣五萬元到幾十萬元不等，缺點是審核條件嚴格，需要提交很多資料，有的還需要抵押不動產，放款速度相對較慢。

其中較有名的是渣打銀行的現貸派，月收入超過人民幣五千元的人可以申請，不需任何抵押。借款人民幣五萬元的話，一年的總利息是三千三百元，每月還款四千多元。因為採用本息均攤的還款方式，實際年化利率是一二％。（註：關於台灣的銀行貸款，請參考各家行庫的規定。）

信用卡預借現金

目前，絕大多數信用卡都可以直接從自動櫃員機（ATM）提款，額度一般是刷卡額度的三〇％至五〇％。舉例來說，小風的信用卡額度是一萬元，他可以從這張信用卡預借現金的額度，可能是五千元。

採用這個方法，可以隨時透過銀行櫃檯或ATM借款，快速拿到現金，但是每家銀行會規定信用卡的每日限額，如果小風需要四千元，但銀行的限額是兩千元，則需要分兩天借款。

信用卡預借現金的成本非常高，一般要支付一至三%的手續費，而且有最低手續費，為一次性收取，與後續還錢的時間無關。接著，還有每天〇・〇五%的日利率。

若小風借四千元，一個月後歸還，總共要付出多少利息呢？首先是一%的手續費四十元，利息的部份則是六十元。計算很簡單，是將借款乘以利息和天數，換算成年化利率，這筆資金的成本高達三〇%，建議各位讀者謹慎使用這個渠道。

現金貸款

我們經常在網路、廣告，甚至路邊傳單上，看到無抵押貸款，還有最近非常熱門的各種現金貸款。它或許提供很多急需用錢的人周轉資金，但是利率高得驚人，通常年化利率在四〇%至一〇〇%，其實就是高利貸，建議不要向這類機構借錢。

網路借貸平台（P2P）

我們從借款額度、利率和放款速度，綜合比較網路巨頭推出的借款服務，包括阿里的「借唄」、騰訊的「微粒貸」，以及京東的「京東金條」。

目前線上借款的利率多用日利率標示，通常在〇．〇二%至〇．〇五%之間，實際年化利率在八%至二〇%，比銀行貸款的利率高了不少，因此絕不是長期借款的好選擇。

多數銀行申請貸款至少三、五天才會放款，向朋友借錢還要看臉色，偶爾找「網路金主」也是不錯的應急選擇，但一定要充分考慮利率情況。

舉例來說，糊塗的小K突然想起公司的代墊款項還沒撥下來，但明天必須還三萬元的信用卡費，一時手頭吃緊的小K該怎麼辦呢？

信用卡逾期和分期的日利率往往超過〇．〇五%，而且逾期紀錄會影響個人信用。這時小K發現，某線上借款平台的借款日利率只有〇．〇三%。他可以使用該線上借款平台，以低利率的新債，償還高利率的舊債。

不過，千萬別對這樣的行為上癮，現在信用記錄覆蓋的範圍越來越廣，線上借款自然也納入其中。所以珍惜個人信用，也要記得按時償還向網路金主借的錢。如果提前還款，一般沒有額外費用，所以我通常用此方法來應對兩、三天的應急周轉，並盡快還款。

以下比較借唄、微粒貸和京東金條，並做成表格供各位參考（見圖3-9）。線上借款的利率會根據每個人的信用情況動態調整，你可以試著打開相應的APP，分析對應的利率。

❖如何更輕鬆地還款？

在順利借到錢之後，接下來該思考如何還錢。為了順利還款，我們分析一下還款計畫和來源。（見圖3-10）

經過種種努力後，讓我們試著忘記負債。這當然不是要你不按時還錢，而是你經過一番考量後，願意借錢買好東西，並且有完善的還款方案，就不應該讓負債阻擋你前進。

圖 3-9 借唄、微粒貸和京東金條的比較

借款平台	借唄	微粒貸	京東金條
可申請人	支付寶用戶，芝麻信用達到 600 分以上	QQ 錢包及微信平臺用戶	京東用戶，已開通京東白條
貸款額度	500 元至 30 萬元	500 元至 30 萬元	最高 10 萬元
利率	日利率通常為 0.02 至 0.05%（首次貸款有部分優惠）	日利率為 0.05%	日利率為 0.05%（活動期間為 0.04%）
放款時間	3 秒內可完成	3 至 15 分鐘內可完成	30 分鐘內可完成
還款期限	12 個月	5、10、20 個月	1、3、6、12 個月
逾期罰款	逾期本金×罰息率（日利率×1.5）×逾期天數	逾期本金×罰息率（日利率×1.5）×逾期天數	逾期本金×罰息率（日利率×1.5）×逾期天數
提前還款	可提前還款，不收費	可提前還款，不收費	可提前還款，不收費

*資料來源：根據網路公開數據整理，數據截自2017年3月。

*單位：人民幣

圖 3-10　細分還款計畫和還款來源

先將收入扣除定期還款金額，再做日常消費計畫

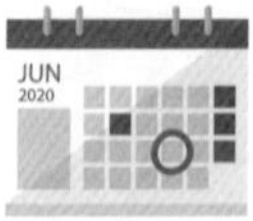

把還款日調整為發薪日後一天

購買每月收款的理財產品，每月收款大致等於還款金額

我有個朋友為了穩定地償還房貸，放棄兩個競爭激烈、但有升職空間的工作機會，因此後悔不已。所以，在做任何借款決策時，都不要讓還款造成壓力，怨恨當初借錢的自己。

深入地瞭解如何當個聰明的借款人，你便能獲得有勇且有謀的富人思維。

關於借款途徑的詳細比較，請參考圖3-11。

圖 3-11 借錢途徑比較

借錢途徑	借款額度	放款速度	利率	優點	缺點
親戚、朋友	不確定	一般較快	不確定	條件靈活，可以協調	借款可能不成功、友情減分、尷尬
銀行	五萬～幾十萬	通常較慢	月利率1%左右，本息均攤還款	利率較低，可借款額度高	審核條件嚴格，提交資料抵押，放款速度較慢
信用卡預借現金	卡片額度的30%～50%	隨時	手續費1%～3% 日利率0.05%	方便、速度較快	利息成本較高
現金貸款	不等	一般較快	年化利率40%～100%	方便、速度較快	利率高
網路借貸平台（P2P）	根據信用額度，可借金額不等	一般較快	日利率0.02%～0.05% 年化利率8%～20%	方便、速度較快	額度不定、利率較高，時間不宜過長

專欄

台灣金融產品比較網站

關於銀行、信用卡預借現金、現金貸款及網路借貸平台的資訊，除了可以至各家銀行櫃檯諮詢，或是上網查詢詳細貸款方案之外，也可以利用「Money101.com.tw」網站做比較。

Money101.com.tw 是目前台灣最大型金融產品比較網站，提供信用卡、私人貸款、房貸、保險及其他金融產品的比較服務。

在貸款方案比較欄目有各項貸款種類，各位可以依照個人希望，選擇貸款額度、還款期、貸款銀行，網站同時會列出最低貸款利率、手續費，甚至幫使用者計算出該方案的每月最低還款額。如果你對於貸款毫無頭緒，可以在初步比較後，挑選適合的方案，向各家銀行諮詢。

信用卡方案比較欄目則有所有信用卡的詳細資訊，各位也可以從網站的「精選信用卡推薦」標籤，挑選適合自己的信用卡。特別的是，台灣目前有各式各樣的信用卡優惠種類，因此網站又將各家信用卡提供的優惠分類比較。

你可以選擇「現金回饋」、「里程累積」、「加油優惠」、「影城優惠」、「網路購物」、「分期零利率」等不同項目，比較各家銀行推出的優惠。挑選適合自己的信用卡，不僅可以獲得優惠福利，還可以省下不少錢。聰明並合理使用信用卡，讓資金周轉更有餘裕，同時也是一種賺錢的方法。

另外，網站中亦有專欄文章，詳細介紹最新時事或新推出的金融商品，內文有非常詳細的表格，讓讀者閱覽更清晰易懂。

※編輯部整理

信用卡是你的財務幫手還是幫兇？用 6 問題來分辨

提到信用卡，許多人的腦海裡可能會浮現這個畫面：擁有額度無限的黑卡不僅象徵身份，還可以享受高級健檢、機場貴賓服務、免費住五星級酒店等服務。

我身邊真的有這類卡神級的朋友。有一次和他一起出去旅遊，從訂機票、租車、訂飯店、吃飯，甚至購買表演門票，他都充分使用各種優惠和積分兌換，沒有一個環節缺席，全程下來節省數千元。

最神奇的是，有一次我跟他諮詢一張熱門信用卡，居然看到他淡定地打開自己製作的 Excel 表，裡頭密密麻麻記滿各種信用卡的福利對比，令我不得不佩服。但在另一種情況下，信用卡可能成為洪水猛獸。

如果你看過經典美劇《六人行》（*Friends*），第一集故事中，富家小姐瑞秋逃婚後，下定決心擺脫家庭束縛重新開始，她做的第一件事就是剪掉自己的信用卡，避免無法克制消費慾望，讓自己陷入困境。

你可以試著問自己以下六個問題，看看信用卡是否會成為你的好幫手？又應該如何利用好它？

❖問題一：你有成為卡神的潛力嗎？

有句話說得好：「小孩子才分對錯，成年人只看利弊。」學習理財知識不僅和本身的財務狀況有關，更多的是學習以不同眼光看待事物。

如果從利弊角度分析，信用卡只是個金融工具。有些人因為信用卡而負債累累，也有人可以藉此充分活用回饋，一切都取決於你如何使用它。如果不加節制，信用卡帶來的便利可能會變成風險。我們不妨先判斷自己是不是下面這三類人：

- 經常刷卡買讓你後悔或不需要的東西，還款時捉襟見肘。

- 由於沒有在意繳款截止日和帳單金額，忘記在期限內還款。
- 沒有興趣利用信用卡免息期。

信用卡其實很簡單，只要找到適合自己的使用方法，便能避免上述問題，你也可以靈活運用，成為卡神。

❖問題二：信用卡到底有什麼好處？

使用信用卡前，必須先關心它到底能為我們帶來什麼好處？簡單來說，信用卡既能幫你省錢，又能賺錢，還能提早累積信用點數。（見圖3-12）

說到這裡，不得不提到「免息期」。在解釋何謂免息期之前，必須先瞭解：結帳日和繳款截止日。這三個概念的關係相當緊密，只要知道其中兩個，就能輕鬆理解第三個概念。

圖 3-12 信用卡的好處

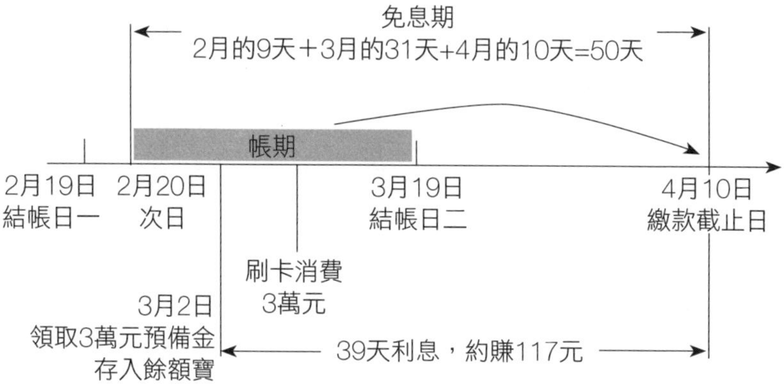

- **結帳日**：與消費週期和還款金額有關。從前一個結帳日後的第一天起，到下一個結帳日，稱為一個帳單週期。在此期間的刷卡消費額會累加在一起，成為繳款金額。
- **繳款截止日**：在繳款最終截止日，必須付清上個帳單週期內的刷卡金額。
- **最長免息期**：這個概念是使用信用卡的重要條件，指從前一個結帳日隔天算起，到繳款截止日為止的期間。也就是說，在結帳日隔天消費最為划算，因為繳款截止日相對最遠，你可以充分享受信用卡的免息期。

假如某張信用卡的結帳日是每月十三日，繳費截止日是每月三日，而今天是十一月十八日，兩個結帳日之間便是完整的帳單週期。向前推算，離今天最近的兩個結帳日是十月十三日和十一月十三日，因此十月十四日到十一月十三日便是帳單週期。

知道帳單週期之後，接著要確定未來最近的繳款截止日，在期限內及時還款。離今天（十一月十八日）最近的是十二月三日。也就是說，十二月三日需要償還上一個帳單週期（十月十四日至十一月十三日）的刷卡消費金額。

換個角度思考，如果十一月二十日刷卡，十二月三日則不需要繳交這筆刷卡費用，因為十一月二十日的消費，包含在十一月十三日至十二月十四日的帳單週期內，到隔年的一月三日才需要繳款。

信用卡的第一個好處是可以利用免息期，免費幫你周轉資金。例如：帳單週期後一天消費，到下一個繳款截止日再付款，一般來說中間有四十五天。不過要特別注意，預借現金、之前尚未付清的某期款項，以及遲繳罰款，都是不包含在免息期的。

廣義來說，甚至可以利用信用卡的免息期賺錢，使自己的活錢理財生息。此外，還可以充分利用信用卡的積分和刷卡獎勵省錢。

❖問題三：如何辦理第一張信用卡？

瞭解信用卡的好處後，你可能正躍躍欲試，但不知道從何下手。讓我們一起瞭解如何辦理第一張信用卡。

首先，必須瞭解信用卡的等級。目前市面上的信用卡大致分為普通卡、金卡、白金卡、鑽石卡（見圖3-13）。光聽名字或許你就能猜到，它們的申請的難度依級別逐漸提升。

該如何區分是哪種卡別呢？最直接的方法是看卡片表面是否有對應的等級字樣，金卡上常常有英文 Gold，白金卡則有 Platinum 等字樣，另外還可以從卡片的年費、額度和權益判斷。

一般來說，普通卡沒有年費，或是可以藉消費次數達標來減免年費。只要有穩定

圖 3-13 信用卡的級別分類

卡種	年費	起始額度	服務	用戶
普通卡	一般可藉由消費免除	一般額度1萬元	紅利、消費回饋等	普通用戶
金卡		一般額度1萬至5萬元	常規與額外福利	
小白金卡	1000元以內居多	一般額度1萬至5萬元	多樣額外福利	優質用戶
大白金卡	一般3000元以上	一般5萬元起，額度不等	多樣額外福利	
鑽石卡	年費高	超高額／無限額	定製化服務	高級用戶

※實際額度與月收入、職業及銀行風險控制政策等有關。

※單位：人民幣

的工作和良好的消費記錄，一般很容易申請到這類信用卡。另外，金卡的門檻和權益比普通卡稍高一點。

白金卡則是更高級一點的信用卡，通常分為小白金和大白金兩類。小白金的年費一般不超過人民幣兩千元，以一千元以內居多，而門檻比較低的小白金卡對申請人的月收入要求，則通常在人民幣五千元以上。

大白金的年費一般在人民幣三千元以上，大多無法減免，或減免的門檻比較高。但是，這類信用卡提供保險、機場貴賓廳、接送機等附加服務，而且對申請人的收入有較高的要求。

至於鑽石卡及更高階的信用卡，除了年費不菲，申請人也經過銀行細細挑選。據我所知，這幾年不少銀行在高階信用卡上花費許多功夫，提供非常豐富的權益和服務，除了針對持卡人推出無限刷卡，甚至提供私人管家服務，撥通電話就有專門人員幫你訂到熱門演唱會門票，這些狀況並非只是小說中的橋段。

如果你從來沒有使用過信用卡，第一張卡片應該辦哪種好呢？針對不同的收入情況，我列出了幾張卡。（見圖3-14）

如果沒有特殊需求，可以根據卡片的簡單描述，再結合自身情況做選擇。建議直接線上申請，除了流程較簡單，也可以安全保護個人資料。

也許你會擔心：「我從來沒使用過信用卡，銀行會核准嗎？」其實，在審核過程中，主要考慮的是個人經濟情況和還款能力，以及生活是否穩定等因素，以下幾個方法可以提高通過率：

● 提供更多的財力證明。財力證明一般是指車子、不動產、定期存款單、保險證

圖 3-14　針對不同收入水平發行的信用卡

卡種	卡名	卡片描述
普通卡	招行卡	老牌發卡行，服務優質（浦發／中信／廣發也可選擇）
小白金	浦發夢卡	零年費，信用良好，對收入要求不高
小白金	中信 i 白金	不少人的第一張白金卡
白金卡	浦發美國運通白金卡	熱門的高CP值白金卡

※僅用於分析，請以個人需求而定。

明、銀行活期帳戶、勞動契約、收入證明等，並以指定方式提交給銀行。

- 向發放薪資的同一間銀行申請信用卡，若銀行已經有你的薪資記錄，對你的經濟實力便會有一定程度的瞭解。

❖問題四：哪種卡更適合我？

其實，大多數人應該都有信用卡，而且往往不止一張。但不少人手裡握著一疊信用卡，卻沒有完全發揮效用。信用卡的紅利和福利經常讓人看得眼花撩亂，到底該如何挑選信用卡？哪種卡更適合自己呢？

挑選信用卡時，要先確定自己的消費習慣和偏好，瞭解如何充分利用信用卡的優惠。最重要的原則不是看哪家信用卡福利多，而是分析自己的高頻率消費面向和重點需求。簡單來說，一張信用卡的福利有三種：

- **紅利福利**：一般各大銀行都有提供。在特定類別的店家刷卡消費，可以兌換紅利點數。點數的兌換範圍一般包括飛行哩程、飯店，以及一般禮品等。
- **特色福利**：部分銀行的信用卡可能會提供用餐優惠、星巴克買一送一、現金回饋、折扣等優惠服務。
- **金卡、白金卡以上等級的信用卡**：有常規的隨卡福利，例如：機場接送、意外險、道路救援等。

越是熱門的信用卡，兌換紅利的性價比和各種額外福利越突出。以二〇一六年市場上最搶手的浦發美國運通白金卡為例，這張卡無論是線上或實體刷卡都可以獲得紅利，而且在指定通路消費還能享受五倍紅利。此外，這張卡的主要福利還有：

- 首年無條件免年費優惠。
- 全年不限次數使用貴賓室，每次可攜伴六人。
- 國內三次免費機場接送服務。
- 五萬紅利點數，可兌換國內外星級酒店一間一晚住宿體驗。
- 一般的全球緊急救援、國內道路救援。
- 高達人民幣一千五百萬元的人身意外險，以及延誤險、盜刷保障等。

如果使用得當，也可以藉由這張卡的紅利繳納年費，相當於每年免費使用這些權益。我針對不同的用途，整理一份市場上好評度較高的信用卡種類（見圖3-15），包括出差、旅行、購物、保養車輛、加油等。

圖 3-15 信用卡推薦

使用場合	卡種
通用組合	浦發美國白金卡＋中信IHG金卡＋以下任意生活需求的功能卡（飯店、旅行）
	浦發美國白金卡＋招行經點白＋以下任意生活需求的功能卡（居家、旅行）
超市用卡	交通銀行沃爾瑪卡
	中信家樂福卡
網購用卡	中信淘寶V卡
車主用卡	民生銀行車車卡白金卡
	平安銀行車主卡
生活享樂	花旗禮享卡
	民生in卡
境外用卡	浦發夢卡
	建行龍卡全球支付銀聯卡
飛行常用	浦發美國運通白金卡
	交行白麒麟
	花旗禮程卡

※以上為中國發行的信用卡，台灣的信用卡請參考各家銀行庫資訊。

❖問題五：如何提高額度？

使用信用卡時，你可能也會產生這種困擾：剛畢業時申辦的信用卡額度，只有人民幣幾千元，但工作幾年後，已經不夠負擔日常消費支出了，如何獲得更高的額度呢？關於這一點，我特意諮詢過銀行信用卡部門的專業人士。

其實，每家銀行都有一套計算信用額度的系統，裡面會考慮很多相關參數，如刷卡商家的類別、刷卡次數、刷卡金額等。大多數銀行會定期根據此模式，評估用戶的刷卡額度。

客觀來說，銀行希望在能控制風險的情況下，盡可能鼓勵用戶刷卡，以我自身經驗來說，經常在節假日收到銀行邀請提升額度的簡訊。

除了靜待銀行幫忙提升額度，如果有其他需求，也可以主動向銀行申請，這分為臨時額度和固定額度兩種情況（見圖 3-16）。

圖 3-16　信用卡授信額度

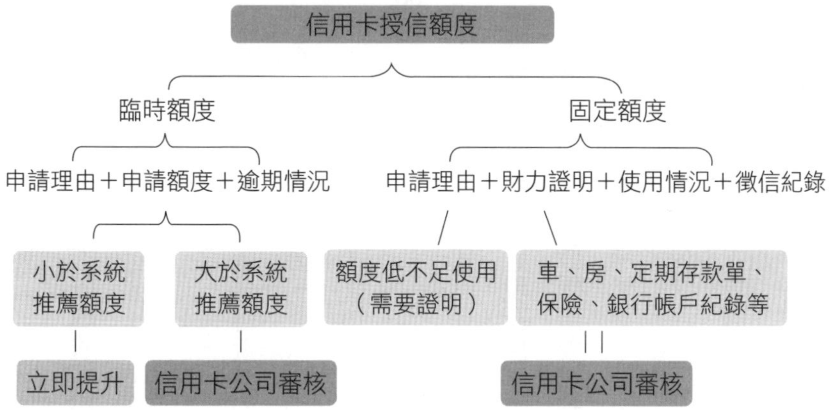

臨時額度

一般情況下，提升臨時額度需要適當的理由，例如：出國旅遊、買家電等，都是較可能被接受的情況。一般審核流程如下：

- 客服查詢信用卡最近幾個月（通常是三個月）是否有逾期繳款的狀況。
- 客服查詢目前的可用額度，再根據提供的理由，判斷目前額度是否足夠。
- 一般系統會有推薦額度。
- 申請額度若小於推薦額度，

則可以立即提升。

- 申請額度大於推薦額度，客服會將申請內容提交到信用卡部門審核。官方一般表示需要七個工作日，但通常二十四小時內就會有結果。

如果近期大額消費較多，或是臨近節假日，可能會收到銀行主動邀請提升臨時額度的簡訊，你直接確認簡訊即可。

固定額度

一般來說，銀行會按照一定的頻率，評估信用額度是否需要提升，例如：用卡記錄是否良好、消費是否經常接近現有額度等。如果單方面表示想要提升信用卡額度，會比提升臨時額度更困難。當你提出要求時，客服可能會詢問下面兩個問題：

- 為什麼需要提升固定額度？
- 是否有其他財力證明，足以證明還款能力？（畢竟目前的消費額度是根據申請時的綜合情況而判定的。）

關於第一個問題，一般的回答多是額度不夠一個月的開銷，因此最好能從消費狀況證明這一點。至於第二個問題，前文提過申請信用卡時，銀行會評估個人的財力。如果想要提高固定額度，必須提供更多的資料，使銀行評估系統提升你的綜合情況。

在沒有足夠財力證明的情況下，客服會把請求提交到信用卡部門，根據半年內的信用卡使用情況和徵信記錄，決定是否調整固定額度。

❖問題六：信用卡還款逾期了怎麼辦？

相信很多讀者都曾擔心逾期繳款的問題，我也曾在最後還款日當天，晚上十一點多才想起要繳費的緊急情況。如果不小心逾期未繳信用卡卡費該怎麼辦？

從最後繳款截止日到被記錄在個人信用上，通常會有一段時間，銀行也會提供寬限期，一般為一至三天，因此未在截止日前繳款，未必影響信用。

如果真的發生這種情況，可以立即致電信用卡中心說明情況，盡量不要影響自己的信用。畢竟在未來，信用可能比貨幣更重要。

如果擔心自己的信用有問題，可以在銀行徵信中心網站，查詢自己的信用報告（註：台灣是由財團法人金融聯合徵信中心，負責個人信用紀錄）。不過，別太過頻繁查詢信用記錄，因為每次查詢都會留下記錄。如果過於頻繁查詢個人信用報告，金融機構可能會認為你有頻繁借款的傾向。

相信各位藉由以上六個問題，對於信用卡的使用已經有所瞭解。最後，再提供幾個用卡小提醒。

- 盡可能在結帳日後刷大筆的金額，因為免息期最長，等於向銀行免費借錢的時間更多。
- 如果有多張信用卡，不妨利用記帳、信用卡類APP，或是相關官方帳號管理，也可以將繳款日限設置在同一天。
- 每年都有一次修改結帳日的機會，如果遇到某次帳單金額過大、繳款負擔過大，可以充分利用這個機會延長免息期。

- 使用信用卡千萬不要本末倒置，為了優惠而額外消費。並且，盡量不使用預借現金、分期、循環信貸，這三項是信用卡利潤最大的來源，也是費率最高的項目，雖然借貸的利率看起來不高，但實際年利率非常高。

舉例來說，我的朋友樂樂分十二期購買**iPad**，利率是〇・六六％，看起來一點也不貴。她認為手續費只是小菜一碟，乘以十二個月也只是七・九二％。

若你也有這種想法，就大錯特錯。如果一萬元分十二期還給銀行，實際的年利率是多少呢？貸款本金一萬元，每期還款額為「每期手續費＝分期總金額×每期手續費費率」，需要繳給銀行近九百元。

$$10000 \div 12 + 10000 \times 0.66\% = 899.33$$

使用 Excel 中的ＩＲＲ函數公式計算後會發現，實際的月利率為一・一九％，年利率是一四·三一%。信用卡只是一個工具，用得好其樂無窮，用得不好反噬其身。因此，在瞭解信用卡的各種知識後，希望你先養成良好的消費習慣，才能真正充分活用信用卡。

NOTE / / /

第 4 章

【INSURANCE】我用保險的小錢避大浪

承擔風險，無可指責，但同時記住千萬不能孤注一擲。

——喬治・索羅斯（George Soros）

社會保險是生活的基本保障，你不可不知

我的朋友桑迪最近辭職，準備成為自由業者。她休息了半年多，找我幫她做理財規劃。

她填完目前的財務狀況後，我發現她的社會保險（註：在中國為喪失勞動能力、暫時失去工作職務，或因健康原因造成損失者，提供收入或補償的社會和經濟制度）從辭職後就停繳，於是詢問她接下來要做什麼準備，才發現她根本不瞭解「五險一金」的概念。既不知道停繳保險會對自己帶來什麼影響，也不知道到要去哪裡補繳費用，完全是糊里糊塗的狀態。

其實，我身邊好多位朋友都有類似的問題。他們找到工作後，沒有好好關心自己的五險一金，公司繳了多少也不清不楚。因為換工作而不小心停繳社會保險，直接

影響自己登記戶籍的順序。或是，搬到其他城市，忘記把自己的社會保險、公積金（註：亦稱住房公積金，是中國大陸政府提供的一種住房保障制度，將住房分配貨幣化的一種形式）一起遷移，直到偶然要用時，才發現吃了大虧。

接下來，詳細介紹社會保險中的「五險」。**社會保險和公積金都是中國強制規定的保險，企業需要為每一位勞動雇傭的員工繳納，這不僅是國家給予人民的福利，也是對未來生活的基本保障。**

簡單來說，中國的社會保險「五險」，指的是養老保險、醫療保險、工傷保險、失業保險和生育保險，其中比較重要的是養老保險與醫療保險，因為這兩部分的繳費佔比最大，與每個人的關係也最密切。

每種保險要繳納的保費是「繳納基數乘以繳納比例」。在不同的城市，五險有不同的基數和比例。

一般來說，繳納基數會以上個年度的月平均額為基準（見圖4-1），但是有約束範圍，通常是當地社會平均薪資的六〇％至三〇〇％。也就是說，社會保險的繳納基數（如圖4-2），有最低保障和最高限制。

圖 4-1　個人上一個年度平均月收入

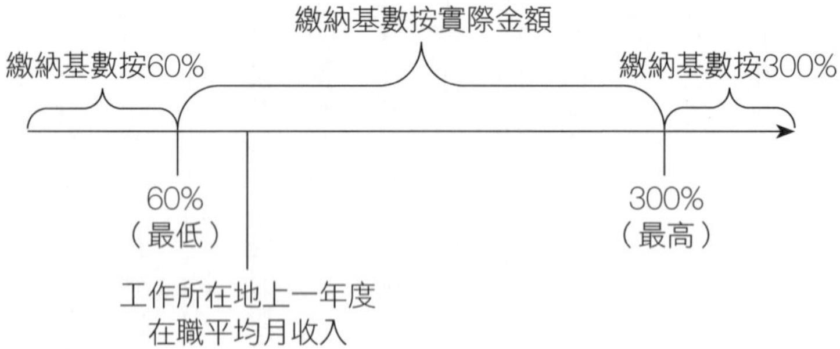

圖 4-2　繳納基數

一般來說，以個人前一年度的平均月收入為準，而上限與下限為當地社會平均月收入水平的60%至300%。

	個人前年度月均	＜	當地月均×60%		按60%繳納（最低）
當地月均×60%	＜	個人前年度月均	＜	當地月均×300%	按實際值繳納
	個人前年度月均	＞	當地月均×300%		按300%繳納（最高）

也許你覺得這有些複雜，我接下來會解釋和分析每種社會保險。一般來說，以個人前一年度的平均月收入為準，而上限與下限通常為當地社會平均月收入的六〇至三〇〇%。（註：關於台灣的社會保險現況，請參考本節最後的專欄。）

❖養老保險

養老保險顧名思義，是退休後開始領取的福利，也可以想成退休金（見圖4-3）。這部分的錢是由你和你所任職的企業共同繳納。

- 個人：一般個人繳納的比例，在中國為八%，會直接從薪資中扣除，也會全部存入個人的養老保險帳戶，退休後才能領取。
- 企業：別覺得個人部分扣的錢很多，其實公司幫你繳納的比例是二〇%。不過這部分錢將統一進入統籌帳戶，由政府統一管理分配。

平時習慣看新聞的讀者，可能已經聽說中國的養老金將開放市場投資。這裡提到的養老金，就是指養老保險統籌帳戶裡的資金。公司繳納的金額多，並不代表未來你可以拿到的金額也會多。至於你能拿到多少錢，是要看退休時養老保險整體的投資運作情況。

如何領取養老金？按照中國現在的規定，一九九七年後開始工作的人退休後，每個月的養老金將由個人養老金與基礎養老金相加得出（見圖4-3）。

- 個人養老金：根據個人養老保險的繳費金額，和退休年齡計算（來自個人帳戶）。
- 基礎養老金：根據退休當年所在地職工平均薪資，和個人繳費年限計算（來自統籌帳戶）。

退休前需要繳納養老保險累計滿十五年，才能分配到統籌帳戶的養老金。否則只能領回自己繳交的部分，失去從統籌帳戶分一杯羹的機會。

圖 4-3 養老金

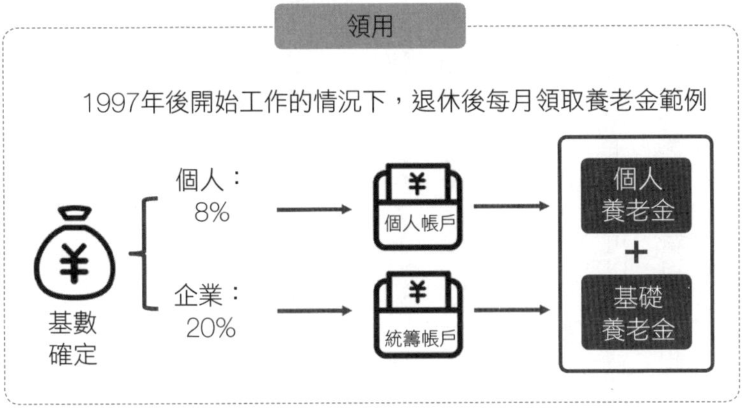

有些讀者可能會問：自己還年輕，離退休還很久，而且大部分養老金還要用於投資，養老保險真的足以養老嗎？

經過估算，養老保險可以負擔退休後的一部分生活，對未來有一定的保障作用。但是，經過多年通貨膨脹，對大部分人來說，只靠養老保險很難維持現有的生活水準。

在後面的章節裡，我會繼續深入講解，如何使用其他投資方式，來彌補養老保險的不足。

❖醫療保險

醫療保險的使用場合相較之下比較多，大多數人都明白醫療保險的好處。平時若頭痛發燒、去醫院看病拿藥，不少費用都可以透過醫保卡直接報銷（註：概念類似台灣的健保給付）。如果身體狀況不好需要住院，在規定的範圍內就醫、住院的花費超過一定額度後，也可以享有醫保報銷。

如果有能力，請盡可能為自己和家人辦理醫療保險（註：台灣的全民健康保險為強制性保險）。醫療保險和養老保險一樣，也是由個人和公司共同繳納，比例是個人一般繳納二％，加上少量大病保險，而企業一般繳納八％至一〇％，其中：

- 個人繳納的全部保費，和公司繳納的部分保費（有些地方是三〇％），每年會歸還至個人醫保卡中，可以憑卡買藥、看門診。
- 符合一定條件的醫療消費可以一起報銷。

停止繳納醫保三個月後，將不再享受報銷待遇，若再次繳納，需要連續繳納六個月，才能享受福利，因此強烈建議長時間不繳納醫保的人，可以自己去社會保險中心，以個人身分繳納社會保險，或購買商業醫療保險。

目前，有許多地區規定退休後的醫保待遇，例如：退休前必須累計繳納一定年限（如二十年）的醫療保險，退休後才能享受醫保待遇。甚至如果要在部分地區享受社會保險，還必須在該地區累計繳納一定時間的醫療保險。

舉例來說，在深圳必須累計繳納醫保二十五年，且繳納社會保險十五年，才能在退休後享受醫保待遇。

另外，醫保卡裡的錢可以留到以後使用，也可以在支援醫保卡支付的藥局購買日常藥品。至於異地醫療保險的報銷比例，必須至當地的醫療保險網站查詢。凡事多查多問，事到臨頭才不會慌張。

幫孩子辦理醫療保險

一般來說，父母可以以孩子的戶口所在地辦理醫保。現在不少父母離開家鄉到大城市打拚，許多城市允許符合要求的外地戶口為孩子申請醫保。

如果孩子已經上學，學校可以統一辦理。若是還沒上學的情況，可以在社區相應的受理單位辦理。最適當的方式，是諮詢當地的社會保險局。

務必按時繳費，才可以享有相應的醫療保障。如果中途加保，往往要等三個月左右才能享受醫保福利。

❖失業保險

失業保險的使用機率不高，雖然會在加保人失業時發放津貼，好讓失業者在找到下一份工作前得以維持生活，但要領到這份津貼並不容易，條件包含：

- 失業前，自己和公司必須持續繳納失業保險滿一年。
- 必須是被動失業，不包括主動辭職。
- 必須在失業後六十天內登記。

失業保險的費用由個人和公司共同繳納。個人繳納〇・二至一％，公司一般負責繳納二％，各地的規定不太相同。

失業保險的津貼發放標準，基本上參照當地最低生活水平，根據工作和繳納失業保險的年限，可以領取三個月至兩年的失業津貼。具體的請領額度與期限，則視繳納年限而定，請以社會保險網站上的查詢為準。

即使持續處於沒有工作的狀態下，也無法一直領取失業保險，因為有一定的時間限制，最長只能領取兩年，而且期間會被不斷地要求參加再就業培訓。

❖生育保險

許多人以為生育保險只和女性有關，其實男性也有生育保險與產假，而且現在中國開放二胎政策後，需要使用這部分的讀者可能不在少數。

生育保險會發放生育醫療費、生育津貼和產假待遇。這部分全部由公司繳納，繳納比例一般為〇・五至一％。

懷孕相關的檢查費、接生費、手術費、住院費和醫藥費，可以透過生育保險報銷，但是超出規定的醫療服務費和藥費無法報銷。此外，如果因生育引起疾病的醫療費，也可以由生育保險報銷。

不過，領取生育保險也有門檻，大部分地區必須在所屬單位繳納生育保險滿一年，才能享受這個待遇。此外，在私立醫院生產無法使用生育保險。

❖工傷保險

勞動者在工作期間，遭受意外傷害或職業傷害，造成暫時或永久喪失勞動能力，甚至不幸死亡，都可以從工傷保險獲得補償。**值得注意的是，如果員工在上下班途中發生意外，也可以獲得補償。**

我有位朋友曾在上班途中被車撞傷，後來透過工傷保險獲得補償。這部分的投保費用全部由公司繳納，繳納比例根據行業的危險程度有所區別，約為〇・五至二％之間。個人可領取的報銷、補償比例，也會根據職業傷害程度有所不同。

相信大家讀到這裡，應該對社會保險有初步瞭解。其實各地的保險比率仍然有些許差別。大家可以對照自己的薪資單中的條目，便能一目瞭然。若按照法律法規繳納保險費用，會發現企業在可看到的薪資之外，其實為員工付出很多成本。

如果想瞭解各地社會保險的繳納比例，最直接的辦法是向公司的人力資源部詢問，也可以直接打電話向當地社會保險局諮詢。

專欄

台灣的社會保險

台灣的社會保險體系按職業別分立，不同職業別的社會保險制度，有不同的主管機關，涵蓋全民健康保險、公教人員保險、勞工保險、軍人保險、農民健康保險及國民年金保險。以下介紹台灣六種社會保險：

保費負擔比例	給付項目
分為六類保險對象，依各類別負擔比例有所不同。	※詳細給付項目請參考中央健康保險署資訊，或洽詢醫事機構。
被保險人35% 政府補助65% （私校由政府及學校各補助一半）	失能、養老、死亡、眷屬喪葬、生育、育嬰留職停薪
受僱勞工：雇主70%、被保險人20%、政府補助10% 職業工人：被保險人60%、政府補助40%	普通事故保險：生育、傷病、失能、老年及死亡。 職業災害保險：傷病、醫療、失能及死亡。
被保險人35% 政府補助65%	退伍、殘廢、死亡、育嬰留停、眷屬喪葬
被保險人30% 政府補助70%	生育、傷害、疾病、身心障礙、死亡
一般情況：被保險人60%、政府補助40% 低收入戶：被保險人0%、政府補助100%	老年、生育、身心障礙、死亡

使用場合	主管機關	適用對象
全民健康保險（健保）	衛生福利部	1）具有國籍，在台灣地區設有戶籍滿6個月以上的民眾，以及在台灣地區出生之新生兒。 2）在台灣地區未設有戶籍，而在台灣地區領有居留證明文件，在台居留滿六個月之民眾。
公教人員保險（公教保）	銓敘部	1）法定機關（構）編制內之有給專任人員，但不包括法定機關編制內聘用人員。 2）公立學校編制內之有給專任教職員。 3）私立學校編制內之有給專任教職員。
勞工保險（勞保）	勞動部勞工保險局	年滿15歲以上、65歲以下之勞工參加勞工保險者；經主管機關認定之未滿15歲之勞工亦適用之。
軍人保險（軍保）	國防部	現役國軍官、士、兵。
農民保險（農保）	行政院農業委員會	從事農業工作之農會會員及年滿15歲以上從事農業工作之農民。
國民年金保險	衛生福利部	年滿25歲、未滿65歲，在國內設有戶籍，且沒有參加勞保、農保、公教保、軍保的國民。

※編輯部整理

※資料來源：行政院官網、勞動部勞工保險局全球資訊網、銓敘部全球資訊網、全國法規資料庫

如何維持社會保險不中斷？3種常見狀況與解方

在各位對社會保險有基本瞭解之後，我接下來介紹社會保險常見的三種情況，說明一旦發生以下情況，應該怎麼處理。

第一種情況是社會保險中斷。這裡要提醒大家盡量不要中斷納保，因為連續繳納社會保險，不僅攸關自身的社會福利，在部分城市也和買車、買房等權利相關。

我的朋友因為換工作，暫停繳納社會保險暫停一個月，直接影響他排了近三年在上海登記戶籍的資格，必須重新開始排隊。養老保險、醫療保險都必須繳納足夠的年限，退休後才能享受相應的保障，最不划算的狀況是有繳費但年限不夠。

如果已經有中斷繳納的情況也不用著急。養老保險和醫療保險的年限都可以累積，即使中斷，只要有繳交足夠的年限即可。如果到退休年齡還是不夠最低繳費年限，可以依照當地的規定辦理延長繳費。

另外，一旦中斷醫療保險，從中斷的下個月起，就會停止使用社會福利，不少地方的醫保卡會有一定時間的恢復期，在此期間只能手動報銷，不過重新繳納還是可以恢復。有些地方規定若斷繳超過兩個月，會有六個月的等待期，無法報銷。

如果遇到換工作，工作中斷期間沒人幫忙繳費，這時可以提前找仲介過渡。網路上有不少協助繳納社會保險的仲介公司，按照最低基數繳納即可。如果到其他城市工作，一定要把自己的社會保險和公積金轉到新的城市。

前文介紹過養老保險和醫療保險的繳納時間門檻，如果因為到其他城市工作，放棄之前繳納的社會保險，等於浪費已經累積的繳費年限。

如果你從二十五歲到四十歲，已經繳了十五年的社會保險，回到家鄉工作卻沒有轉移並重新繳納，辛辛苦苦負擔多年的社會保險，連醫療保險的年限都不夠，到時候失去退休金和終身醫療保險待遇，豈不是虧大了？

如果不是一般上班族，而是自營業者、自由工作者，該怎麼繳納社會保險？你可以選擇自己繳納。若從一般的正規管道，只能繳納養老、醫療、失業三險，若由代理公司幫忙，則可以完整繳納五險一金。

如果你是本地戶口，可以在當地的職業介紹服務中心，或人才服務中心繳納。外地戶口如果想在當地繳納，只能找社會保險代理公司辦理，通常一年繳交人民幣幾百元的服務費，就能幫你繳納五險一金。

由於各地的差異較大，政策也經常改變，如果各位有任何與社會保險相關的問題，強烈建議多諮詢公司的人力部門和當地社會保險局，得到的資訊最準確。

有一位大我三歲的朋友很早進入社會，他休學後開始擺地攤賺錢，後來憑著自己的努力考上北京的大學，畢業後進入一家網路科技公司。他非常拼命，不只每天加班工作，還利用早起和加班後的時間學習。

在我的印象中，他的眼神總是透著光，堅信每天努力學習，肯定會與別人拉開差距。五、六年內他的薪資翻倍，但北京的房價漲得更快，直到準備結婚時，他才發現：這些年好不容易累積的存款，根本不夠付頭期款。**一直以來抱持「努力就會成功」的信念，在飛漲的物價面前不堪一擊。**

失意混雜著房貸的壓力，他更加倍努力投入工作，最後卻進了醫院。我在他住院期間去探望，他說：「房子、孩子讓我壓力好大，真的不敢生病，病不起啊。」他的眼神透出深深的無力感，不再像過去一樣閃亮。他躺在病床上向我訴說手術花了多少錢，病假又導致他損失好幾個月的薪資。

這帶給我很大的衝擊。大部分的人平時看似工作不錯，實際上對風險的承受能力十分脆弱，這些風險還會在家庭中迅速傳播，將經濟壓力「傳染」給其他家人。

查理．蒙格曾分享過讓人變窮的四個因素，其中之一就是疾病。雖然大部分人擁有社會保險，但只是非常基礎的保障。下一節讓我再為你加一層更有力的保障：商業保險。

挑選保險必須衡量風險承受度、財務狀況與……

每個人都應確保自己的財富有相應的保障，再去參與投資。本節介紹的保險著重於保障功能，而非用於投資。這和開車就要繫安全帶是一樣的道理，先為自己繫上安全帶，再去追求更快的速度。

在建構健康的財務體系前，一定要配置相應的保障。保險按照不同的保障對象，分成人身保險和財產保險兩大類，前者保護人，後者保護物。

對一般人來說，人身安全比財產更為重要，日常需要防範的風險也相對較多。因此，本節主要討論的是人身保險。

請各位先記住兩個關鍵詞：少額可承受的保費和無法承受的經濟損失。如果有人要你每年花二〇%，甚至三〇%的收入買保險，就超過合理範圍。正常情況下，保費應該控制在年收入的五%至一〇%。

而且不是所有的損失都需要買保險，現在網路上出現一些莫名其妙的產品，如高溫險、賞月險等，從保障角度來看根本沒有必要，因為那並非你無法承受的風險。目前市面上常見的人身保險，主要是在保障意外、疾病等，實際上是從經濟角度進行風險補償。哪些是可以藉由商業保險轉移的風險呢？大家都聽過蘇軾的一首詞：「人有悲歡離合，月有陰晴圓缺，此事古難全。」這意味著人生中難免會有各種損失，或是不愉快的風險。

保險就像槓桿，其原理是用小小的保費，轉移人們難以承受的經濟損失。從損失的角度把風險分為三類，分別是大事、小事和無事。

- 大事：指對基本生活有重大影響、生命中難以承受的重大風險，諸如死亡、殘疾、重疾。雖然這三件事的發生機率低，但對家庭財務的影響最大，也最需要透過保險防範和轉移風險。
- 小事：指不影響基本生活、可承受的風險，諸如小意外、生病的門診、住院費用等。這類狀況發生的機率雖然高，但風險並不大，對家庭財務的影響較小。

- 無事：你可能會好奇，既然有風險怎麼會無事呢？目前市面上有些保險是儲蓄投資型的，如針對養老、教育等目的的保險，或者投資保險。這些保險的目的不再是轉移經濟損失，而是為了獲得更多的財富。

其實，買保險並非要轉移所有的風險。如果你投入很多保費，轉移的卻是發生機率低、損失不大的風險，反而本末倒置。配置保險的核心原則要回歸槓桿原理：投入的保費對比獲得的保障力，是否有足夠的價值。

大事和小事之間並沒有絕對的分水嶺，它會受到風險偏好、年齡、財務狀況、家庭責任等因素影響，且因人而異，所以你需要具備一定的保險基礎知識，結合自己的實際情況進行判斷。

在很多理財平台上，你可能會看到收益率五%左右的萬能險、分紅險，這些本質上屬於保險公司發行的理財產品，應該從投資的角度分析。本章介紹的是保障型保險，和投資型一定要分開考慮。

金融專員推薦的大部分保險，通常既有保障功能又有投資功能，但那些商品往往不划算，**其實，真正需要藉由保險轉移的是重大風險。**一般常見的重大風險，包括死亡、重疾、殘疾、高額醫療費用等帶來的經濟損失。在瞭解保險的本質和基本概念後，接下來進入實際操作的環節，為自己和家人買對保險。

買保險有3大原則：買對人、買對險、買足額

買保險是非常個人化的事，在不同人生階段，保險需求也有很大差別（見圖4-4）。建議單身時盡早配置意外險和重疾險，並補充醫療險。在成家或買房後，家庭經濟責任增加，應該加購壽險。步入老年後則以意外險為主，並根據身體健康狀況，適當補充醫療險、防癌險等。

❖原則一：買對人

很多人會先考慮為孩子或父母購買保險，畢竟孩子和年邁的父母是我們最關心的人。**保險的實質意義是轉移無法承受的風險，對於一個家庭來說，家庭經濟支柱承受**

圖 4-4　人生各階段保險規劃

年齡	22~28歲	29~30歲	31~50歲	51~60歲	61歲以上
保險意識	較少	萌發	突出	強	強
保險需求	不全面	凸顯	最強，需要全面配置	需求高	需求高
財務狀況	收入少，容易月光，預算少	收入增多，支出較大，預算一般	開支大，收入最高，預算必須合理，保費不能成為負擔	收入減少，財富累積高	退休金，財富累積高
投保性價比	保費低，性價比高	保費較低，性價比高	保費逐年增長，性價比走低	保費太高，性價比低	健康狀態下降較快，疾病高發期
面對風險	以意外風險為主	以意外風險為主，重疾、死亡風險防患於未然	死亡、殘疾、重疾風險，需要全方位轉移風險	意外傷殘、重疾、死亡風險	意外傷殘、重疾風險
主要投保建議	一年期意外險、定期消費型重疾險（25歲以上）	一年意外險、定期消費型重疾險	一年期意外險、定期消費型壽險、定期消費型重疾險	一年期意外險已有保單＋金融資本	一年期意外險，用金融資本（現金代替保單

※僅供一般保險需求參考。

的風險更重大，一旦發生狀況，將會帶來很大的打擊。

家中的孩子不須承擔家庭的經濟責任，如果發生意外，還有父母作為第一層保護，所以孩子的保險購買需求，其實低於家庭經濟支柱。

從經濟角度來看，未來我們賺的錢會比父母更多，被保障的價值更高。另外，老年人購買重疾等健康類保險，要繳交的保費比年輕人更多，可能會出現保費和保額差不多，甚至超過的情況，往往不太划算。所以最需要購買保險的，應該是家庭收入的主要貢獻者，也就是自己。

❖原則二：買對險

目前市面上的保險五花八門，如果只單純比較產品，容易陷入混亂。因此，買保險的出發點不該從產品本身，而是要回歸風險，根據自身實際需求辨別輕重緩急。

俗話說：「萬事要做最壞的打算，抱最大的希望。」我們擔心的不外乎健康、意外和死亡。根據目前市面上的主流保險類型，較全面的保險組合可以這樣搭配：意外險＋壽險＋重疾險（健康險之一）＋醫療險（健康險之二）。

你可能會疑惑：「為什麼買了重疾險，還要配醫療險？重疾險和醫療險該如何選擇？」以下舉個例子，讓你感受兩種保險產品的區別。

小A和小B不幸罹患重大疾病，都花掉四十萬元左右的治療費用。假設不考慮社保報銷因素，費用都符合報銷要求，兩者唯一不同的是：小A買的是五十萬元保額的重疾險，確診後不久就按照理賠流程，獲得五十萬元的全額理賠。小B買的是一百萬元保額的醫療險，治療期間的費用得自己先行墊款，治療後才能藉由醫療險報銷四十萬元的費用，而且沒有額外補償。

簡單來說，一旦確診重大疾病，可以按照重疾險契約向保險公司申請理賠。不管之後花多少錢治療，賠償金已經全額給付，不會增加或減少。另一方面，醫療險主要用來報銷醫療費用。無論是重疾還是意外，可以按照規定報銷醫療費用，沒有額外補償。

然而，買保險的最主要目的是預防重大風險，轉移極端條件下無法承受的經濟損失。一旦罹患重大疾病，可能出現以下經濟損失：

- 治療期間的醫療費用。
- 不能工作造成的收入損失。
- 治療結束後，康復階段的各項花費。

這兩種保險如何補償經濟損失？重疾險偏向於雪中送炭，一旦確診就能按照契約及時申請理賠，順利的話，兩週左右就能收到保險公司的全額賠償。賠償金額根據保額而定，這筆錢不僅可用於治療，還能補償收入作為治療後的康復費用。購買長期重疾險的保費是每年固定繳納，不會隨未來身體變化而任意提高費用。

然而，無論是重疾險還是醫療險，都對被保險人的身體狀況有所要求，一旦身體狀況不符合條件，則必須加費投保，甚至無法投保。

因此，最好在身體狀況良好時，購買長期型的重疾險，用一開始約定好的保費鎖定未來幾十年的保障，不用擔心身體狀況發生變化，而無法投保或增加保費。

醫療險則可說是錦上添花，是治療完畢後，才能根據契約內容，向保險公司報銷已花費的醫療費用。

目前市面上的醫療險，多半有幾千元到一萬元的免賠額。購買前必須看清楚免賠條款，若醫療費用沒有超過免賠額就無法申請理賠。關於具體的理賠範圍，強烈建議大家仔細閱讀保險契約相應條款。

而且，有些醫療險升級，可以提前支付部分疾病的醫療費用，在化解財務風險後，報銷補償已發生的損失。不過，醫療險的賠償金只能負擔治療費用，無法補償收入損失、後續復健的費用等。

此外，醫療險一般為短期險，保障期限通常為一年。期限過後，若想繼續獲得保障，則要重新購買，而且對被保險人的健康狀況有要求。因此購買醫療險時，也要關注續保是否有保障、有哪些條件。

重疾險和醫療險的對比，如圖4-5所示。綜合來看，面對重大疾病，重疾險的保障更全面，可以從以下幾點來考慮如何權衡。

第一，在年輕、身體好時，優先考慮購買重疾險。如果預算充足，再考慮補充配置醫療險，價格也不貴。

第二，重疾險的賠償與醫療險的報銷互不影響。你可以用醫療險解決大額醫療費

圖 4-5　重疾險與醫療險

	重疾險	醫療險
賠償特點	重疾確診後即可按契約申請賠償。	治療後，按實際治療費用報銷（扣除社保報銷及免賠額）。
理賠標準	契約約定確診的重症、輕症。	在契約規定的範圍內，補償醫療費用，不限制某種疾病。
用途	可用於醫療費用、收入補償以及康復費用等。	報銷醫療費用。
配置方法	年輕、身體好時，優先配置重疾險，再輔以醫療險。為身體健康的父母配置保險，選醫療險更適合。	

用，用重疾險理賠的錢補償康復期及收入上的損失。

第三，如果要幫父母購買保險，在他們身體健康的情況下，選醫療險更加合適。在他們年事已高時，購買重疾險，槓桿作用太小，有的保費支出甚至超過保額，並不划算。

雖然每個人都想要全面的保障，但一定要注意保險不是越多越好，而是要緊抓重點。如果在有限的保費預算下，每一份保障都不夠充分，這樣的規劃其實是失敗的。

❖原則三：買足額

買保險時，必須選擇保險額度和投保期間。有些朋友說：「既然保險這麼重要，那就買最貴、保額最高、保期最長的。」其實大可不必，而是要記住保險的本質是轉移風險，如果付的保費超過風險帶來的損失，反而是本末倒置。

大家可以參考以下幾個計算保費與保額的方法，確認是否適合自己的保險區間。

- 倍數法（雙十原則）：用年收入的一〇％作為保險預算，保額設定為年收入的十倍，是最簡單的方法。
- 生命價值法：以補償收入為目標，估算自己未來還能工作多少年，把總收入減掉稅收和個人消費等，得出未來的經濟價值。
- 需求分析法：以家庭責任、支出補償為導向，不同保險應對不同的需求。主要從支出的角度考慮，估算當發生意外時，可能對家庭支出和家庭成員帶來的經濟壓力，根據實際缺口確定保額。

圖 4-6　配置保額

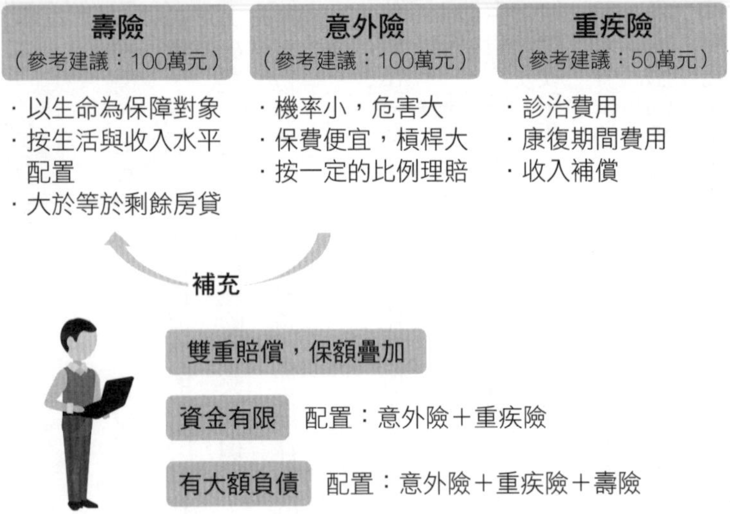

對單身者來說，這三個估算法不一定完全適用。各位可以參考圖圖4-6，來配置保額。下一節將根據每種保險的功能，詳細介紹該如何配置各種保額。

壽險、意外險、醫療險、重疾險，各保多少才好？

❖ 壽險

參考建議：人民幣五十萬元起，主要看大額負債和家庭責任。壽險是以生命作為保障對象，簡單來說，壽險是死亡才會理賠，因此通常不是買給自己，而是買給家人，為了讓自己深愛的人有充足的金錢繼續生活。

如果一個家庭的經濟支柱意外死亡，主要的經濟來源會因此切斷，財務狀態陷入困境，因此建議按照自己的生活與收入水準購買壽險。

如果有房貸，建議你購買的保額，至少能確保能夠償還大額負債。另外，如果可以補貼子女教育等費用，加上家中三年以上的日常生活費會更好。

❖意外險

參考建議：人民幣五十萬元起，建議一百萬元以上。意外險是理賠因意外事故致傷致殘或死亡帶來的損失。我們不知道明天與意外哪個先到，雖然意外發生的機率很小，然而一旦發生，對家庭來說最大最突然。

意外險的保費便宜，從保險槓桿的角度來看性價比最大。意外殘疾的保額一般會根據傷殘程度，按購買意外險保額的比例理賠。根據二〇一四年《人身保險傷殘評定標準》，意外傷殘共分八大類，程度分為一至十級。

相對地，保險金給付比例，也分為一〇%至一〇〇%。所以意外傷殘的保額一定要高，否則若按比例賠償，可能只是杯水車薪。

壽險和意外險都是為了保障發生意外、家庭失去主要經濟來源時，可以繼續順利生活。意外險的保額可說是對壽險的補充，因為一旦因意外死亡，你可以同時獲得意外險及壽險的雙重理賠。我建議壽險和意外險的保額以一比一的比例估算，最少人民幣五十萬元，理想保額為一百萬元。

❖重疾險

參考建議：人民幣五十萬元以上。重疾險是理賠罹患重大疾病的治療費用與工作損失，費用要考慮至少三個部分。

第一是診治費用。重疾險的保額要能覆蓋大多數重疾的平均治療費用。目前一般重疾的治療費，介於人民幣二十萬至三十萬元，其中醫療保險可以負擔一部分。

第二是康復期的費用。治療只是第一步，術後休養還需要三至五年。為了不影響生活品質，除了治療費用之外，還需要準備休養期的生活費用。

第三是補償收入。罹患重疾導致的收入損失，同時必須繼續支出房貸、子女教育等各種日常開支，需要保險來彌補，對於家庭經濟支柱尤其重要。

所以人們常說，重疾險是「工作收入損失險」，因為重疾險保額＝診治費用＋康復期費用＋收入補償。購買重疾險是為了生病時有錢看病與療養。如果要購買重疾險，三十萬元可以說是最基本的保額。如果再考量通貨膨脹等因素，最理想的保額無疑是五十萬元以上。

❖醫療險

參考建議：人民幣一百萬元以上。這兩年百萬醫療險非常熱門，對於有社保的二十至四十歲族群，市面上保額在百萬級別的醫療險，一年的保費從幾百元到一千元，保費便宜、保障又高。

此外，年紀越大購買壽險、重疾險越貴，甚至可能因身體狀況無法購買，所以更應該及早安排。出於同樣的原因，為父母購買壽險、重疾險的保費較貴，對於老年人來說，建議優先購買意外險，根據健康狀況適當補充醫療險和防癌險。

各位在為自己買保險時，如果資金有限，首先應該考慮購買意外險、重疾險。若有如房貸的大額負債，記得買壽險。醫療險現在比較便宜，可以適當購買。

專欄　壽險、意外險、醫療險、重大疾病險比較

可能仍有許多讀者對前文提到的四種保險不甚熟悉，以下介紹和整理這四種保險的理賠條件。

★壽險

壽險的理賠機制有兩項：身亡、全殘。多數民眾只知道身亡會理賠，但鮮少人知道全殘也會理賠。全殘的認定條件包括：

1. 雙目失明。
2. 雙手腕或雙腳足踝關節缺失。
3. 一手腕關節及一腳足踝關節缺失。

4. 一目失明及一手腕關節缺失者，或一目失明一足踝關節缺失。

5. 永久喪失咀嚼機能。

6. 四肢機能永久喪失。

7. 中樞神經系統機能遺存極度障害，或胸、腹部臟器機能遺存極度障害，終生不能從事任何工作，經常需要醫療護理或專人周密照護。

另外要注意的是，目前金融管理委員會規定：十五歲以下兒童即使購買壽險，當該童身故後，保險公司也不得理賠保險金額，僅能退還所繳保費。主要是為了預防道德風險。其次是因為兒童沒有賺錢能力，不會留下任何的責任負擔，因此兒童購買壽險不會理賠任何身故金。

★意外險

意外險又稱傷害險，理賠條件為「遭受意外傷害事故，導致身體蒙受傷害」，而意外傷害事故是指非疾病引起的外來突發事故。

意外險的三個關鍵詞，分別是「非疾病」、「外來的」、「突發的」，外來是指來自身體以外的事件，突發表示忽然發生、無預警、無法預防的特性，非疾病則是把疾病排除在外，意外險必須百分之百符合這三個條件，才具備理賠資格。

意外險的保費則是以「職業等級」來計算。職業等級是指每個行業的危險程度，略分為六級，級數越高代表越危險，保費也高；級數低則相反，保費較便宜。

舉例來說，一般機關團體公司行號中，內勤職員職業等級為1，遊覽車或客運車司機的等級為3，高樓外部的清潔工的等級則是5。也有因職業性質較危險而列入拒保的類別，例如：警察防爆小組人員、特種軍人、高壓電工程設施人員等。

★醫療險

醫療險目前有兩大類，分為日額型醫療、實支實付醫療。除了自殺（自殘）衍生的醫療行為以外，基本上都包含在理賠範圍內。

日額型醫療的理賠為定額式，不管花費多少錢看病，只能理賠固定的金額。實支實付醫療的理賠則是花多少賠多少，依據醫院或診所的收據來判定理賠金額，但有最高的理賠金額上限。**日額型醫療的理賠依據與實際花費無關，而實支實付險探討的是行為和花費。**

除了理賠方式不同，更大的不同在於理賠項目中的「雜費」。根據台灣現行的健保制度，許多項目必須自費，像是癌症的標靶藥物、心臟支架、止痛針等，而這些自費項目都歸類在雜費裡，但日額型的醫療不理賠雜費，而實支實付則有理賠。

★重大疾病險／重大傷病

傳統的重大疾病險包括七項：腦中風、心肌梗塞、腎衰竭、癌症、癱瘓、冠狀動脈繞道、重大器官移植。從二〇一六年起修改條款後，重大疾病險分成重度及輕度，主要的差別在於：病發後的治療狀況為輕度或重度。

重大傷病險主要的理賠依據，是獲得重大傷病卡，領取資格有三百多項疾病認定條件，遠比重大疾病多。而且憑卡理賠簡易許多。重大疾病險及重大傷病險都是一次性理賠，只要達到理賠標準，就會獲得一筆錢。

※編輯部整理

第 5 章

【FUND】第一次買基金就上手

一個真正的投資者並不會如賭博般隨意投放資金，他只會投放於有足夠可能性獲取利潤的工具上。

——羅伊・紐伯格（Roy R.Neuberger）

買基金就像上餐館，想吃好料得交給專業

在生活中經常聽到基金一詞，但很多人都認為與自己無關。如果曾經購買阿里巴巴旗下的「餘額寶」，便算是基金投資者，因為餘額寶屬於貨幣型基金。

很多人知道餘額寶也是基金後，便開始投資其他基金，卻總是虧錢。最近一位長輩問我：「現在各種媒體報導說，基金投資創業專案賺了不少錢。我們能不能也買一些跟著賺錢？」換句話說，即使不主動關心基金投資，社會保險基金也開始把我們的養老金投入股市。

當基金越來越頻繁地參與我們的生活，應該先瞭解關於基金的基本特點。基金是種門檻很低的投資方式，只需投入小額資金，便可參與種類豐富的投資管道，適合普通投資者。

圖 5-1　購買基金與廚師做菜

把錢委託給基金經理投資　　把食材交給廚師做菜

· 選擇符合自己「口味」的料理：投向
· 選擇合適風格的「廚師」：基金經理人

買基金其實就是把錢委託給專業人士，一般稱為基金經理人，請他們幫買家投資。有點像吃飯時，雖然親自下廚也不錯，但因為工作太忙，廚藝不一定好，因此選擇到餐廳吃飯或是叫外送。

舉例來說，你原本喜歡偏甜的口味，卻點了一道辣味的川菜，最後變成自己受罪。在實際投資過程中，就像選擇不適合自己的基金投資風格，可能讓你虧損。

每個人喜歡吃的料理不同，所以得挑選符合自己口味的料理，在基金中便是指投向，同時還得挑選適合自己的廚師，也就是基金經理人（見圖5-1）。**投資比做飯更難、更耗費精力，因此許多人會把錢集合在一起，交由專業的基金經理人管理。**

一般最容易接觸的基金投資產品，是公募基金，書中除了特別指明的基金以外，均為公募基金。公募基金是指受政府主管部門監管，向不特定投資者公開、發行受益憑證的證券投資基金。這些基金在法律的嚴格監管下，必須公開資訊、分配利潤、運行限制等行業規範。

別急著點餐！不同類型的基金各有優缺點

買基金最常見的問題，是購買前不清楚基金背後的材料。一位朋友曾經分享自己糊裡糊塗購買基金的經歷。

有一次，她在某平台買理財產品時，看到視窗跳出一支基金的推薦廣告。她覺得這個平台之前的理財產品收益穩定，基金名字又叫某某寶，收益比餘額寶高出不少，二話不說便下手購買，結果沒想到剛買幾天就開始下跌，讓她非常懊惱。

我查過她買的那支基金名字後，才知道她把股票型基金當作貨幣型基金投資，沒有做好基金價格會跌的心理準備。

圖 5-2　基金的背後是什麼

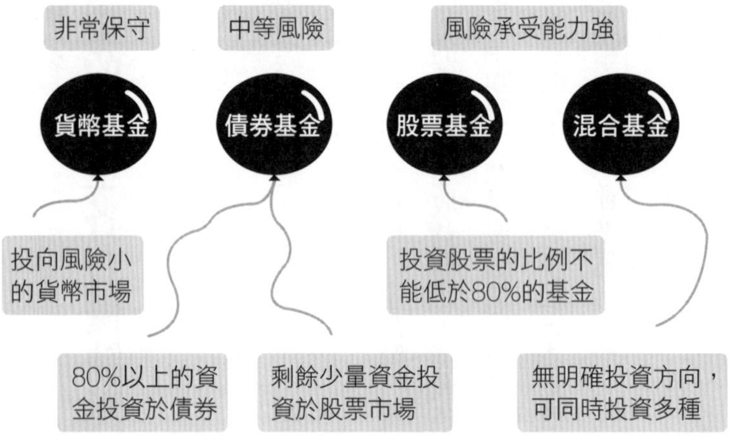

❖按背後投向分類

不同基金背後的材料，可大致分為貨幣基金、債券基金、股票基金、混合基金四個類別（見圖5-2）。

貨幣基金專門投向風險小的貨幣市場，例如：國債、央行票據、商業票據、銀行定期存款、同業存款等，最常見的是餘額寶等「寶寶類」產品。

債券基金會將八〇％以上的資金投資於債券，剩餘的少量資金投資於股票市場。長期來看，債券基金的收益雖然高於貨幣基金，但風險較大。

股票基金是指投資股票的比例不低於八〇%的基金，風險相對更高。前三類基金的主要投資方向較明確，但後來出現可以同時投資股票、債券和貨幣市場等多種金融工具，一般沒有明確的投資方向，即為混合基金。

選擇的基金種類，與你追求的收益率和可承受的風險有關：

- 如果你非常保守，幾乎不能接受虧損，就選擇安穩的貨幣基金。
- 如果你能承受中等風險，債券基金是不錯的選擇。
- 如果你的風險承受能力強，並且能接受長期投資，則可以考慮把較高比例的資金，放在股票基金或混合基金中。

另外還有一些比較另類的基金，投資對象是特殊資產，例如：大宗商品類的黃金基金、石油基金，以及房地產信託基金等。

❖按投資地域分類

根據投資地域的不同，可以把基金分為國內基金和境外基金。境外基金也稱為海外基金，意思是指註冊地點在海外的基金。然而，即使投資對象是海外的基金，也不一定屬於海外基金，因為註冊地可能是由國內投信所發行。

❖按不同管理方法分類

另外還可以根據基金經理人的管理方法，把基金分為被動型和主動型基金。被動型基金一般指的是指數基金，指數就像料理的固定搭配食譜，基金經理人只要按照指數規定，直接投資於其中包含的股票即可。

舉例來說，我們常聽到的「滬深300指數基金」，追蹤的是滬深300指數（見圖5-3），這是中國大陸境內影響力非常大的指數，裡面的成分股是從滬深兩市中，挑選出最大的三百家大型企業。因此基金經理人不用煩惱選股票，只要投資滬深300指數

圖 5-3 滬深 300指數

A股市場是反映行情變化的指南針，將2004年12月31日的指數設為1000點，以此衡量市場走勢。

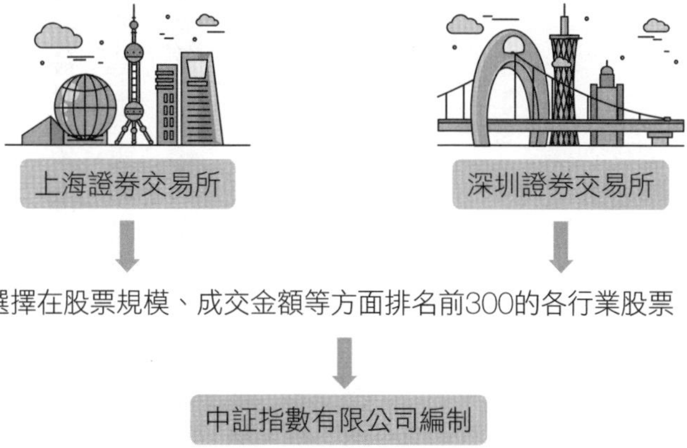
上海證券交易所
深圳證券交易所
共同選擇在股票規模、成交金額等方面排名前300的各行業股票
中証指數有限公司編制

中包含的成分股即可。

此外，還有各種各樣的指數，比如中證 500 指數，選擇的是滬深兩市中，規模排在三〇一至八〇〇家的中小企業。

A 股市場則是反映行情變化的指南針，將二〇〇四年十二月三十一日的指數設為一千點，以此來衡量市場走勢。

另一方面，主動型基金則需要基金經理人投入大量的精力和成本，自己花費時間、精力去選股、選債券，也需要大量的分析，才能透過人工挑選，獲得比市場水平更高的收益。

由於主動型基金的人為操作因素比被動型基金多，所以選擇好的基金經理人十分關鍵。為了買到適合自己的基金，購買前應該詳讀基金招募書，它就像基金的使用說明書，會介紹各種基本資訊和投資說明。

招募書的投資範圍欄中，會列出每支基金組合的比例。你可以藉此知道每支基金中股票和債券的比例，若股票越多，風格會越激進。

基金的招募書、公告，甚至契約資訊都是公開資訊，你可以上網查詢，也可以透過第三方平台查詢基金名稱，一般都會提供詳情。你甚至可以利用搜尋引擎，輸入「基金名稱、招募書」找到詳細資訊。

為何定期定額做投資，即使大盤下跌也能賺？

自從推展理財科普以來，很多人對我說：「其實我投資基金心裡十分沒把握，總覺得基金的價格上下波動，賺錢或虧錢都心神不寧。」

如果統計過去十年開放式基金的數據，八〇%以上的基金都有賺錢，但絕大多數基金投資者卻虧損，因為我們的情緒容易被市場影響。即使專家也很難每次都看準市場、低買高賣，因此要學習如何用簡單的方法投資，同時不用過於擔心虧錢。

一般人如果對基金稍有瞭解，很適合用定投的方式買基金。定投是指在固定時間以固定金額購買基金，也就是定期定額投資。本節透過四個問題，讓你掌握安心且風險更低的基金投資方法。

❖第一個問題：為什麼要用定投的方式投資基金？

相較於一次性投資，定投基金能帶來什麼好處呢？在介紹定投的好處前，要先確立一個概念：定投是一種投資方法，對應的概念是一次性投資。

首先，定投基金可以幫助你養成儲蓄習慣。慢跑十五分鐘對任何人來說不是難事，但如果堅持每週慢跑三次以上，而且持續一年，大概很多人都無法做到。想讓財富積少成多也是同樣的道理，這個月存一千元並不難，如果能每個月都維持儲蓄習慣，便可打敗八〇%以上的人。

如果自己存錢有些困難，定存能自動幫我們存錢，基金定投也能發揮同樣的效果。若你的目的是長期儲蓄，無論是債券基金還是股票類的基金，都可以藉由定投輕鬆累積財富。

其次，大部分人投資基金很難低買高賣，虧錢很可能是因為買了股票類或混合類的基金，跌了只能心疼地賣出。定投在避免選錯買賣點也很有效。

一次性投資像兔子，遇上好時機也許可以衝得快，然而一旦遇到市場波動，可能會撞上木樁，但絕大多數人無法預知前方是坦途還是木樁。

相較之下，定投就像龜兔賽跑的烏龜，短期來看也許沒有兔子跑得快，但它是分批把錢投入、穩紮穩打，長期來看得以攤平投資成本，最終取得勝利。在長期看好市場的前提下，可以分批投入資金，攤平購買的成本，避免投資期間價格波動的影響。

基金跌了，他卻賺了

一九九七年，有一支發行面值為十美元的泰國基金，陳先生看好泰國市場，辦理為期兩年的定期定額投資計畫，每個月固定投資一千美元於鄧普頓泰國基金。

陳先生買入基金後不久，泰國不幸爆發金融風暴。此後兩年，泰國的股票下跌了四〇%，基金也出現嚴重虧損，十五個月後，淨值從當初的十美元銳減到二．二二美元。後來淨值開始回升，當兩年的定期定額計畫到期時，基金淨值上漲到六．一三美元。

或許你會想，這筆基金投資肯定讓陳先生損失慘重，因為定投到期時，基金淨值仍然沒有回到發行時的面額。但令我們驚訝的是，陳先生最終取得了四一%的回報，

圖 5-4　定投

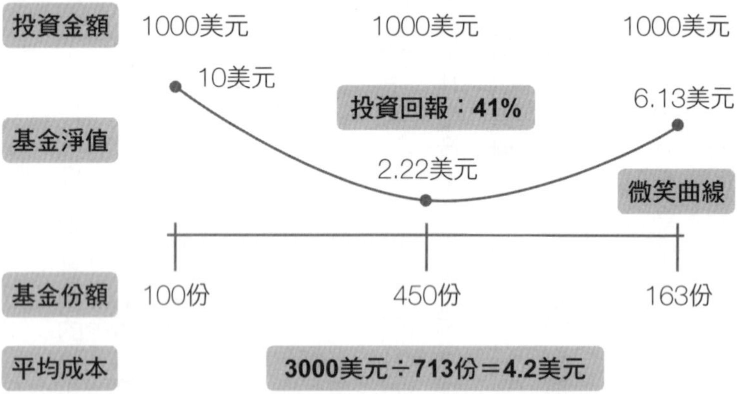

這就是定期定額投資的神奇魔力。

儘管基金淨值下跌，讓先前的投資虧損，但如果繼續買入相同金額的基金，則能有效攤平整體投資成本，相當於攤平所持基金的成本。

經過兩年持續投資，平均投資成本降為四美元，當基金淨值返回六・一三美元時，自然就賺錢了（見圖5-4）。

如果把陳先生所持基金的淨值變化繪成圖表，可畫出一條典型的定投「微笑曲線」，對定投是否能夠獲利至關重要。

圖 5-5 微笑曲線

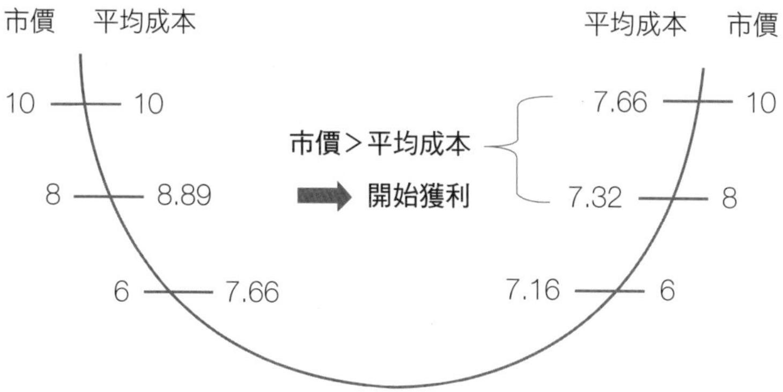

在投資過程中，不管基金的價格如何波動，整體方向持續穿越微笑曲線，才可能獲得正向收益。微笑曲線右側越高，收益相對越大（見圖5-5）。

如果基金本身的價格非常平穩，例如：表現相對穩定的貨幣基金，或波動較小的債券型基金，攤平成本的效應不明顯。如果風險偏好較低，可以選擇債券型基金，達到強制儲蓄的目的。

波動相對較大的股票基金、混合基金，更適合作為基金定投對象，尤其是指數型基金，一直以來

圖 5-6　定投最大的優點

貨幣基金、債券基金

基金價格波動不大，
定投的效果不顯著

股票基金、指數基金、混和基金

波動較大，適合定投

都是業界知名的定投好拍檔。

定投最大的優點是攤平投入成本、避免挑選時機（見圖 5-6）。除此之外，定投基金還可以幫你定時定額存下一部分閒散資金，在不知不覺間累積一筆財富，所以定投也格外適合年輕人。

在下一節中，我們透過幾個常見的問題，進一步瞭解定投。

定投時間多長才對？要觀察是否跨越「微笑曲線」

你可能常聽到基金公司宣傳定投時，強調每月投資幾百元，十多年後就可以獲得一大筆財富。這個說法聽起來很誘人，但真的時間越長越好嗎？如果股市不是每年穩定增長，退出定投的時點剛好是一個大熊市（空頭市場），或在定投期間市場都是下行（股價走勢低於預期目標），會發生什麼狀況呢？

定投時間是否越長越好，多長才算足夠，其實還是要看定投期間，是否跨越合理的微笑幅度。我們不妨用歷史數據做對比。二〇〇一年以來，A股市場出現過五條典型的大微笑曲線（第五次還沒走完），最短的曲線也有三年。

以前一條微笑曲線為例，這組微笑曲線的時間是從二〇〇九年八月，至二〇一五年五月，市場從最初的三千四百點開始震盪下跌，反反覆覆震蕩近五年，最低點時只有一千九百多點，但隨後很快迎來大牛市，二〇一五年五月，市場曾一度衝到五千點上方。

我們不妨以博時滬深300指數基金來模擬市場，做個簡單的回測。你可以參考圖5-7，觀察測試的四種情況和對應的收益結果。假如從二〇〇九年八月開始定投這支指數基金，截至二〇一五年五月，累計收益率為八四．三三%。

如果持續投資到二〇一七年一月，經過二〇一五年的暴跌後，累積收益率只有四二．七五%。這個結果說明，定投的收益並不一定因時間拉長而升高。

那麼，定投多長時間才合適呢？首先，你要耐心等到微笑曲線的右上方轉向，如果微笑曲線還在左半邊的狀態，就因為市場表現不佳而賣出，很可能會虧損。

同樣的定投計畫，如果在二〇一三年、接近微笑曲線底部時賣掉基金，不僅無法賺錢，還會虧損近四千元。這也是為什麼常聽人說：定投需要長期堅持。因為很多時候，等待曲線上揚的時間非常長。

當你見到微笑曲線開始朝右半邊揚起，便可以結合對市場的判斷，以及自己的投資目標和預期收益率，來決定是否贖回基金。

圖 5-7 以博時滬深300指數基金模擬市場

基金類型	博時滬深300指數A	博時滬深300指數A	博時滬深300指數A	博時滬深300指數A
投資方式	定投	定投	定投	一次性投資
買入時間	2009年8月1日	2009年8月1日	2009年8月1日	2009年8月1日
贖回時間	2013年1月1日	2015年5月1日	2017年1月1日	2017年1月1日
投資金額（元）	1000	1000	1000	90000
投資頻率	按月	按月	按月	一次性
買入金額	42000	70000	90000	90000
期末總資產（元）	37479.72	129031.88	128476.58	103657.33
累計收益率（%）	-10.76	84.33	42.75	12.17

※註：回測設定購買費率為1.5%，贖回費率為0.5%。

圖 5-8　盡量避免在牛市末期入場

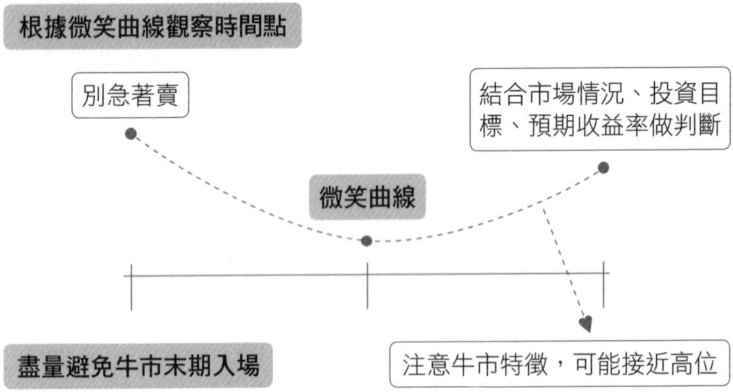
根據微笑曲線觀察時間點
別急著賣
結合市場情況、投資目標、預期收益率做判斷
微笑曲線
盡量避免牛市末期入場
注意牛市特徵，可能接近高位

尤其當市場已經明確呈現牛市（股票市場熱絡）特徵時，指數開始急速上漲、不炒股的朋友都開始談論股票，你要慎重考慮是否賣出並暫停定投。因為這時的基金價格往往處於高位，很可能接近微笑曲線的右邊頂端。

同樣地，如果你正在考慮何時開始，應留意避開牛市末期（見圖5-8），這個時點入場不一定會虧損，我們依然可以結合歷史微笑曲線圖來看。

除非剛好在買入後持續上漲，並且在高位賣出，否則即使持續持有最簡單的定投，一般情況下仍會優於一次性投入。

如果對比定投和一次性投入，二〇〇九年八月一次性投入九萬元，截至二〇一七年初的累計收益率只有一五．一七%，遠低於同期開始定投的收益率四二．七五%。

我也曾經驗證很多主動偏股型基金的定投，得到的結論是：**在市場下跌的過程中，即使在投資一段時間後忍不住賣出，定投也會比一次性投入虧得少。**

定投是否需要止利止損？必須考慮一個關鍵因素

很多人投資股票時，當跌到一定程度便可能索性放著不管，投資基金的人也有同樣的態度。基金也可能一路下跌、越虧越多，而且長時間看不出上漲趨勢。要不要止損還有一個重要的考慮因素，就是基金本身有沒有問題。

其實無論是前文提到陳先生的例子，還是觀察A股市場的歷史微笑曲線，都可以發現：哪怕一支基金目前持續下跌，只要看好它未來的走勢，短期內的下跌反而能累積更便宜的籌碼。**一旦市場反彈，這些累積的份額會帶來豐厚的回報。因此，對於純粹因市場波動造成的虧損，不需要太過放在心上**（見圖5-9）。

如果在投資過程中，發現所持基金本身有問題，例如：當市場上漲時，漲幅遠低於同類其他基金，甚至還下跌，且長期表現的不確定性太高，則可以考慮替換基金來

圖 5-9　市場波動不需過於放在心上

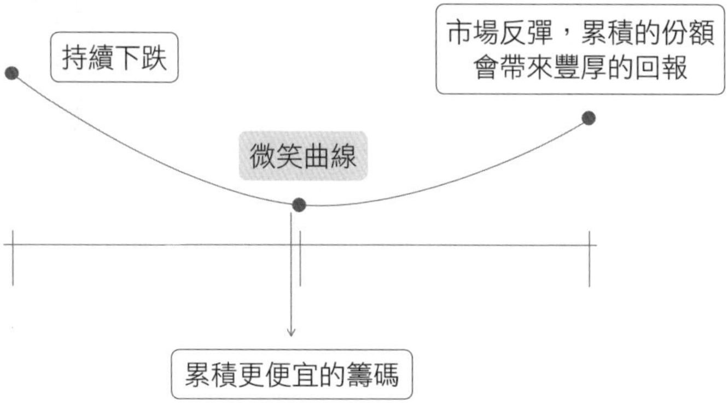
持續下跌
市場反彈，累積的份額
會帶來豐厚的回報
微笑曲線
累積更便宜的籌碼

止損。

從止盈止損的角度來看，指數基金更適合做定投。反映市場整體表現的指數基金，如滬深 300 指數基金，或 S&P 500 指數基金，一方面更貼近市場或國家的經濟走勢，方便長期判斷。

另一方面，也可以透過估算指數，多一個途徑判斷基金目前的價格是否合理。

選擇定投的金額與頻率，要注意的細節是……

充分瞭解定投的核心原理後，剩下的是如何確定金額和頻率。關於定投金額，首先要確認資金一定要是「長錢」，至少在三、五年內都不會動用，才有充分的靈活性穿越微笑曲線。其次，基金定投的金額也跟不同階段的投資需求有關。對不少上班族來說，基金定投是非常好的投資方式，具備強制儲蓄的功能（見圖5-10）。

各位可以從收入中取出很小部分的比例開始嘗試，比如五%或一〇%，不至於影響正常生活。如此一來，一方面可以強制儲蓄，另一方面也可以感受基金的漲跌，畢竟定投不一定會上漲，在短時間內仍可能虧損。

對於已經有家庭或孩子的投資者來說，基金定投可能要承擔一些長期的目標，例

圖 5-10 定投金額和頻率

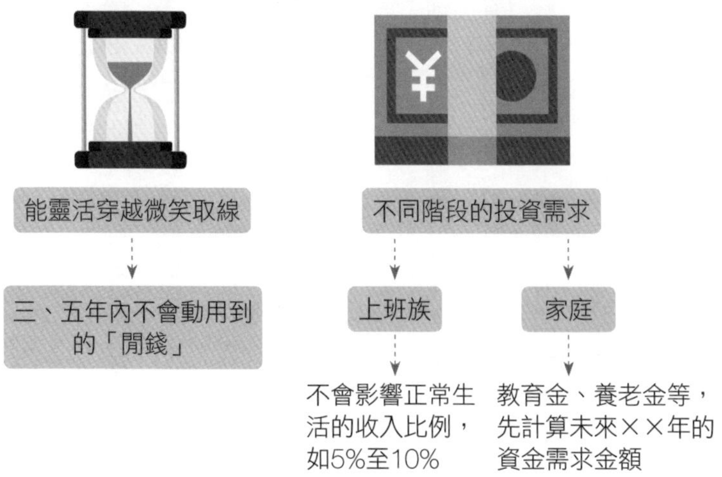
能靈活穿越微笑取線
三、五年內不會動用到的「閒錢」
不同階段的投資需求
上班族
家庭
不會影響正常生活的收入比例，如5%至10%
教育金、養老金等，先計算未來××年的資金需求金額

如：孩子教育、退休養老等。這時得先計算自己在未來的資金需求。

不少投資網站或基金網站都有提供試算的功能。你可以利用這些工具，填入詳細的目標定投基金，以及各項相關資訊，計算合適的金額。投資過程中，可以根據收入變化和收益情況調整（見圖5-11）。

定投的頻率

對大部分受薪族來說，按月投資最方便，也可以綁定自己的薪資帳戶，按月扣款。相信有不少人非常關心頻率對收益的影響，既然定投可以攤平風險，如果時間更短，改為半個月甚至一週一次，是不是更好？

- 設置定投日期時，盡量避開每月的一到八日，因為經常碰到元旦、春節、勞動節等節日，一般會暫停基金申購業務，等到假期結束隔天才扣款，假期過後股市容易上漲，較不划算。
- 現在很多的第三方基金代銷平台，都有自動定投功能。只要填好金額，選擇定投頻率即可。

相信現在你已瞭解基金到底是什麼，也知道該怎麼選、怎麼投。嘗試動手投資，一定會對基金有更深的瞭解。

前面為大家介紹不少投資方式和產品，相信有行動力的你已經躍躍欲試。我常常收到留言：「簡七，你說的某某基金、××股票都太複雜了。我平時工作很忙，不想耗費太多時間研究，能不能直接告訴我怎麼投資比較好？」

有人回饋說：「天天盯著大盤看，卻總是追漲殺跌，情緒起伏很大，覺得好累。

圖 5-11 調整定投

定期投資頻率

長期來看，按月、按週或按天投資的收益差別並不大

保證一定的定期投資頻率，確保價格平滑即可

定期投資計算器

填入詳細的目標定投基金、各項相關資訊，
計算合適的定期投資金額

在投資的過程中，根據收入變化和收益的累積情況調整

圖 5-12　投資中的「不可能三角」

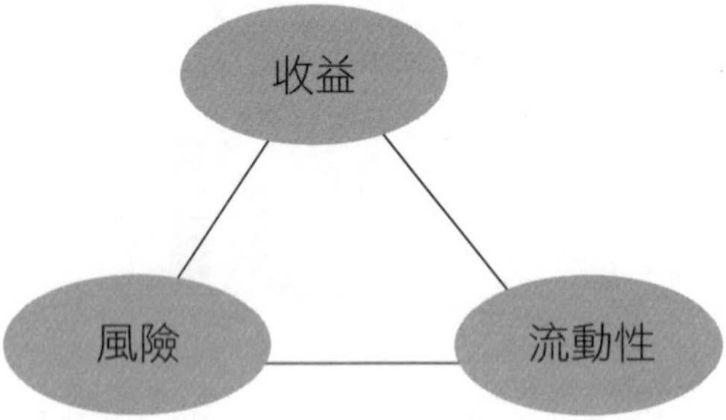

其他投資的收益又太低，怎麼辦？」

也就是說，非專業人士有沒有更簡單的方法，既能相對穩妥地賺錢又不耗時，不需要鑽研投資就可以獲利呢？

我們不斷強調：**只有更加瞭解自己投資的產品，才有信心堅持下去，在長期投資中獲得更大收益。**在投資領域，任一投資品都無法兼得收益、風險和流動性，這個概念被稱為投資中經典的「不可能三角」（見圖 5-12）。

如果你能有效組合不同類型

的投資品，既可以降低風險，又能提高整體收益。所以，資產配置被稱為金融投資的「免費蛋糕」。要做到這一點，只需要解決兩個面向的問題：

- 時間面上如何選擇投資時機？
- 空間面上如何選擇投資標的？如何做資產配置？

專欄

定期定額基金的優點與缺點

作者認為，定期定額基金最大的特色在於「平均成本」，有助於降低進場點對基金績效的影響，在此簡單整理定期定額基金的優點和缺點，歡迎各位讀者參考。

優點

1. **節省時間：**定期定額最重要的好處，與其花時間研究、分析高低點，不如讓定期定額降低時間成本。
2. **符合一般人的資金運用：**大多數人都是領月薪，現金流適合持續投入。
3. **有規律性：**可避免下跌或上漲時都不敢買的情況，定期定額可以解決投資的紀律問題。
4. **報酬合理適合長期持有：**經常為了等待「好買點」，而錯過大多頭波段，使得手上現金報酬率變差。但定期定額除了報酬合理，還能持續持有，可以避免錯過多頭的損失。

缺點

1. **相較之下賺得不多**：如果你有能力判斷高低點，其實不需要使用定期定額，知道如何抓到高低點，能賺得更多。

2. **標的持續下跌仍會虧錢**：許多人誤以為定期定額不會賠錢，實際上如果買到一直跌的標的，也可能賠錢，即使加碼攤平，也要考慮時間成本，年化報酬率可能很低。

3. **不適合短線操作**：定期定額的特色是平均成本，因此必須長期操作，短期投資仍會受到買賣價格的影響。

4. **時間太長可能會失效**：假設每個月投資一千元，一百個月後總額達到十萬元，但下個月投入的一千元，對整體的影響力只剩一%，已經無法達到平均成本的效果，因此定期定額一段時間後，通常會出場獲利了結。

5. 成果取決於出場時機：一如作者在內文所提到的範例，定期定額雖然可以解決在高點入場的問題，但最終成果仍取決於出場時機。如果有人在年輕時定投，但贖回那年剛好是股市低點，報酬率會受到影響。要避免這個狀況有兩種方法，一種是投資一段時間後分期贖回，另一種是資產配置，把資金分配在不同類型的標的，例如股票加債券，減少贖回時股市低點的影響。

那麼，哪些標的適合定期定額投資？定期定額最常被用在基金、ETF和股票上，投資標的應該具備以下兩種特性：

第一，不能有長期持續下跌的趨勢。因為買越多賠越多、越攤越平，即使會漲回來，也會花費很長一段時間。

第二，中短期常有漲跌循環。定期定額操作的優勢，在於買得到便宜的和貴的標的，如果確定它不會長期向下，一段時間就能賺到價差。

這樣的基金組合，讓你贏過九〇%的投資者

接下來，我將介紹簡化的資產配置投資組合，由精選的五支基金構成。準確地說，我們找到一個投向五大板塊的投資組合，由一支債券基金和四支指數基金構成。這五支基金分別如圖5-13，從上到下的順序，依次涵蓋五個主要的投資方向（見圖5-14），分別是：

- 固定收益類投資
- 國內大型公司股票
- 國內小型公司股票
- 國外大型公司股票

圖 5-13　五支基金

類型	代碼	名稱
固定收益類	519152	新華純債添利A
權益類	110020	易方達滬深300ETF聯結
	000008	嘉實中證500ETF聯結
	050025	博時S&P500ETF聯結
	000834	大成納斯達克100指數

- 國外小型公司股票

這裡選擇的都是大型的指數基金，以被動投資為主。另一方面，指數基金的長期表現優於不少主動管理的基金，尤其是美國這樣的成熟市場。此外，投資指數基金的費用更低，有利於獲取收益。

❖如何操作基金？

知道這些基金後，該如何操作呢？我們可以想像自己是基金經理人，極簡投資是相對穩定又省心的

圖 5-14 極簡投資組合

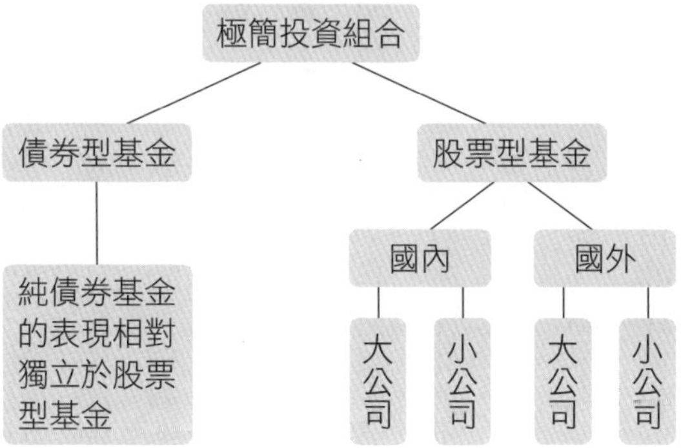

組合產品，平時只需分兩步管理，需要賣出時再實行第三步。以下介紹這三步驟。

第一步，剛開始投資時先均等配置每個板塊，每支基金各投入二○%。假設你計畫投資一萬元，則分別以兩千元購買這五支基金。第二步，持有一年後，透過買賣調整動態平衡，把各基金所佔的金額配比，重新調回到二○%。

第三步，當需要用錢時，按照需求收回相應資金，剩餘的各個資產仍然維持每個佔比二○%。

舉例來說，去年你投入的一萬

元，現在漲到一．二萬元，在新的市值下，佔比二〇％意味著每支基金各有兩千四百元。債券基金漲得相對慢，目前只有兩千一百元，於是可以賣掉漲得比較快的基金，將比率不足二〇％的基金買足，重新調整五支基金的比例。

各位可能感到疑惑，為什麼這麼簡單的組合能獲得優良的投資效果？讓我們回到資產配置的原理。分散投資的不相關性，得以解決資產配置的難題，而基金組合可使投資資產分散。

資產配置不只是把錢放在不同標的，而是確保在不同的市場環境下，還能留下後路，因此相關性越低越好，甚至最好呈現反向的走勢（見圖5-15）。極簡投資組合正是有效分散投資的資產，可以確保此處不成功，也能在別處獲得勝利。

動態平衡則解決買賣時點的難題。分散固然重要，但是決定收益的另一個重要因素，是每年一次的動態平衡，簡單來說是「多退少補」的概念。

初期投資時，每個項目的比例相同，到了年末，不管是賺是賠，都要恢復初始比例。為什麼要這樣做？請各位思考一下動態平衡（見圖5-16）會對組合產生哪些影響：

圖 5-15 相關係數指標

-1 負相關　　0 不相關　　1 正相關

	滬深300	中証500	S&P 500
滬深300	1.000	0.772	0.209
中証500	0.772	1.000	0.525
S&P 500	0.209	0.525	1.000

※註：滬深300、中証500及S&P 500之間的相關係數都小於1，表示關聯度不高。

- 賣掉去年漲勢很好的基金。
- 補充去年表現不佳的基金。

這幫我們實現兩個目的：

- 見好就收，賣出賺得多的投資。
- 買入更便宜的投資，等著它漲。

簡單來說，是幫你達成便宜時買入、貴時賣出的目標。這些操作一年最多只需花費六十分鐘，除了一次性投入，大多數受薪族可以按

圖 5-16　動態平衡

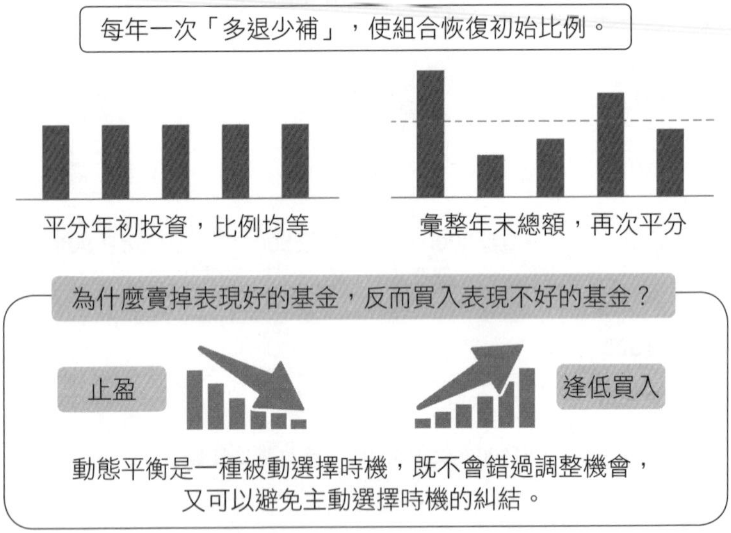
每年一次「多退少補」，使組合恢復初始比例。
平分年初投資，比例均等
彙整年末總額，再次平分
為什麼賣掉表現好的基金，反而買入表現不好的基金？
止盈
逢低買入
動態平衡是一種被動選擇時機，既不會錯過調整機會，
又可以避免主動選擇時機的糾結。

圖 5-17　2005至2015年的年初市值

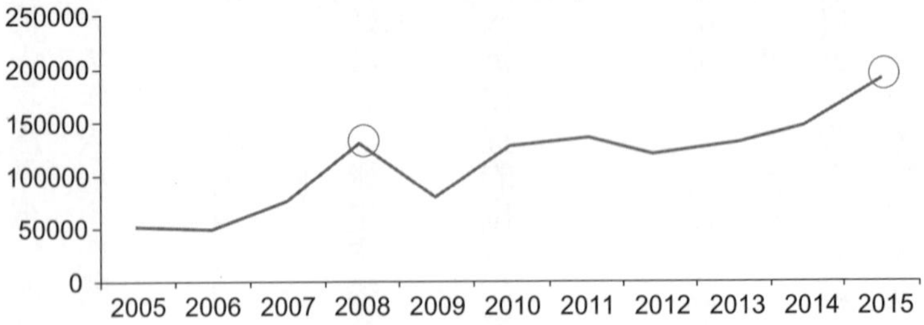
250000
200000
150000
100000
50000
0
2005
2006
2007
2008
2009
2010
2011
2012
2013
2014
2015

照每月的收入持續定投，進一步壓低購買成本，這也是不錯的選擇。

❖ 歷史收益

如此簡單的操作真的能保證收益嗎？如果你二〇〇五年初投資極簡組合五萬元，到二〇一五年底可以擁有近二十萬元（見圖5-17），比較中、美市場的平均表現，極簡組合也有明顯的優勢（見圖5-18）。

另外，我們做了一個更詳細的數據回測（見圖5-19）。從回測可以看出，如果每年調整一次，投資三年甚至三年以上，虧損的可能性非常小。只要不是在牛市最高峰開始投資，年化收益率大多可以保持在一二%。長期保持這樣的收益水平，算是非常好的成績。

長期投資過程中可以採定投的方法，極簡投資本身是資產配置，把資產分佈於不相關的標的，進而降低風險。雖說理論上波動會變小，但不代表完全沒有波動。

定投是一種買入策略，可以規避挑選時機的糾結，也減少時機對收益產生的影

圖 5-18　中、美市場比較

響，避免風險。

極簡投資組合完全可以用定投的方式投資，尤其是資金量不多、每個月都有收入和結餘的普通人，更適合用這種方式資產配置。

各位可看一下圖5-20的數據，是在同樣的投資區間採用定投，而非一次性投資的收益情況。你會發現，定投可以幫助降低風險，並提升收益。

極簡投資組合已經破解資產配置的兩大難題：時間和空間。最後取得收益保障的便是長期投資，藉由複利獲取更高、更穩定的收益。

圖 5-19 數據回測

持有期限	最大年化收益率	最小年化收益率	年化收益率中位數	平均年化收益率	盈利概率
三年	38.4%	-3.8%	12.1%	11.6%	94.4%
五年	24.8%	-1.6%	10.1%	10.3%	95.2%
十年	17.5%	5.7%	12.7%	12.5%	100%

※資料來源：且慢。

圖 5-20 定投

定投時間	最大累計收益率	最小累計收益率	累計收益率中位數	平均累計收益率	盈利概率	最大虧損	連續最大虧損月份
三年	100.7%	-11.9%	13.2%	17.8%	92.9%	-34.3%	20%
五年	78.0%	4.0%	27.7%	28.77%	100.0%	-34.3%	20%
十年	143.8%	50.6%	61.4%	74.9%	100.0%	-34.3%	18%

※資料來源：且慢。

第 6 章

【FORM】5 張表讓理財投資攻守俱佳

要量力而行，要發現你生活與投資的優勢所在。每當偶爾的機會降臨，而你有充分把握優勢，就全力以赴，孤注一擲。

——華倫．巴菲特（Warren Buffett）

活用5張表格，你可以兼顧獲利與保障

順利展開理財之旅後，我想再送各位幾個好幫手：五張投資理財表單，分別是：風險表單、投資表單、資產表單、保險表單和安全表單（見圖6-1）。

這五份表單的啟發來自我的朋友阿木，他購買任何大型物品後，習慣保留保證書和說明書，並且專門整理。每次買新的家具或大型家電之前，還會思考該淘汰什麼。最初聽到這件事的印象是：「這多麻煩，是強迫症吧！」直到某年冬天熱水器壞掉，我因為找不到保證書而多付一筆維修費，再加上記不清型號，平白浪費很多時間，我忽然理解：阿木看起來多此一舉的習慣，才是真正的省時省力。

投資也是如此，這五份投資理財表單，不僅能讓你的投資紀錄井井有條、更有效率，還可以減少浪費時間或金錢。

圖 6-1 五張投資理財表單

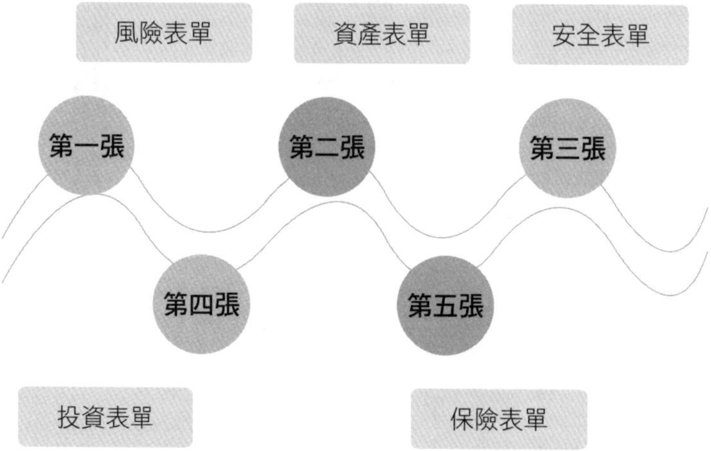

【風險表單】評估承受風險的能力

各位可以參考左頁的風險表單，評估自己的風險承受能力，得到的結果就是屬於你的風險表單（見圖6-2）。

這份表單有助於瞭解自己主觀和客觀的風險承受能力，也會直接影響投資產品的選擇和搭配。若想取得電子版風險表單，請上「簡七理財」微信公眾號（jane7ducai）下載。

以下風險表單為試算範例，投資組合是根據「客觀風險承受能力」及「主觀風險承受態度」計算得出。

圖 6-2　風險表單

一、客觀風險承受能力	
Part1： 年齡：25歲以下為50分，每多1歲減1分，75歲以上為0分。	
年齡：30	得分：45
Part2：	

分數	10	8	6	4	2
就業狀況	公職人員	受薪階層	佣金 收入者	自營 事業者	失業者
家庭負擔	未婚	雙薪 無子女	雙薪 有子女	單薪 有子女	單薪 養三代
置產狀況	投資 不動產	有自用住 宅無房貸	房貸 <50%	房貸 >50%	無自用 住宅
投資經驗	10年 以上	6-10年	2-5年	1年 以內	無
投資知識	有專業 執照	財經專業	自修 有心得	略懂	一片空白

<20低風險承受能力 20-39中低風險承受能力 40-59中等風險承受能力 60-79中高風險承受能力 >80高風險承受能力	
得分：26	**總得分：71**
屬於類型：中高風險承受能力	

二、主觀風險承受態度

Part1:

對本金損失的容忍程度：可承受虧損的百分比（以一年的時間為基準）。總分50分，不能容忍任何損失為0分，每增加1個百分點增加2分，可容忍25%以上損失的為滿分50分。

容忍程度：10	得分：20

Part2：

分數	10	8	6	4	2
首要考慮因素	賺取短期差價	長期得利	年現金收益	對抗通膨保值	保本保息
過去投資績效	只賺不賠	賺多賠少	損益兩平	賺少賠多	只賠不賺
賠錢心理狀態	學習經驗	照常生活	影響情緒小	影響情緒大	難以入眠
當前主要投資	期貨	股票	房地產	債券	存款
未來希望避免的投資工具	無	期貨	股票	房地產	債券

<20低風險承受態度
20-39中低風險承受態度
40-59中等風險承受態度
60-79中高風險承受態度
>80高風險承受態度

得分：24	**總得分：44**

屬於類型：中等風險承受態度

三、投資組合推薦	
適合的投資組合	
貨幣	0.00%
債券	40.00%
股票	60.00%
預期報酬率	6.24%
標準差	13.97%

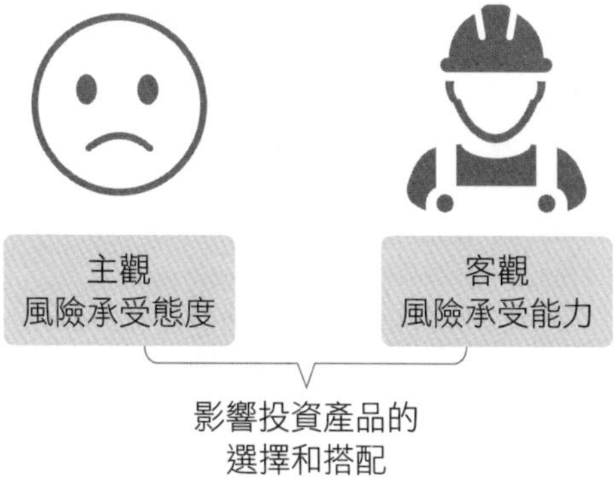

【投資表單】釐清投資邏輯並檢查缺漏

很多人即使學習過投資理財，在真正實際操作時，還是會有些擔心害怕。接下來，想先送給各位一份投資表單（見圖 6-3），幫助你在投資前檢查缺漏、釐清邏輯（見圖 6-4）。

❖投資需求

先來看這份表格最重要的第一部分，也就是在投資前先瞭解自己的需求。**投資就像找另一半，沒有絕對完美的對象，只有合適的對象。所以出發點並不是產品本身，而是自己的需求。**這部分內容包括：投資的金額、佔總資產的比例、這筆錢能佔用的

圖 6-3 投資表單

投資需求	**1. 投資金額** 投入金額 ______ 元， 佔總資產 ______ % **2. 占用時間** 預計在 ______（時間）之後需要拿回 ______（元） **3. 投資目標** 預期收益： ______ % 可承受最大虧損：______	**產品分析**	**1. 投資方向** 該產品背後的具體投資品是？ 比例分別是？ **2. 發行人／交易平台** 該產品的發行人是誰？ 有哪些參與者？ **3. 投資期限** □固定投資期限， 投資期限為 ______ 至 ______。 □非固定收益類投資， 計畫投資多久？ **4. 投資收益** 預期收益率為 ______ % **5. 投資風險** 投資曾經發生的最大虧損是 ______ %，對我而言是高／中／低風險。 **6. 投資費用** 我需要付出 ______ 元交易費， 具體包括 ______。 **7. 交易限制** 該產品的購買限制或交易限制？ （時間／金額／政策）

行動備註

1. ______（時間）後賣出
2. 在獲利 ______ %後賣出
3. 在虧損 ______ %後賣出
4. 在 ______（變化）後賣出

……

圖 6-4　投資順序

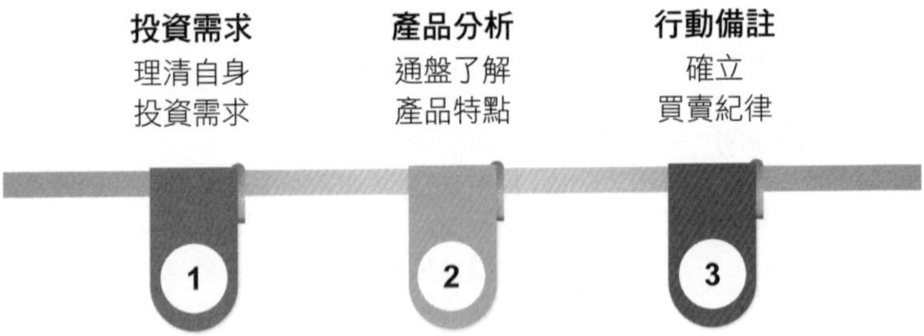

時間長短、預期收益等。

投資前確實填寫需求，有助於檢查這筆投資是否合適。舉例來說，二〇一五年股票牛市時，不少人急急忙忙衝進股市。我的朋友小C不太會玩股票，於是買了一支股票基金，但現在還套牢著。

但他原本打算在兩年後換車，如果能提前回答表單的第三和第四個問題，就會發現股票基金大多適合五年以上的投資，而且在牛市入場並不是好選擇。

相反地，若一位保守的媽媽，只用貨幣基金幫孩子存長期教育金，就有點浪費了。因為在長期投資的前提下，其實可以選擇收益更好的基金。

❖產品分析

現在理財產品越來越多，容易讓人迷失方向。回答產品分析的七個問題，有助於確立更明確的投資方向。這七個問題涉及產品的每個面向，從期限到收益、風險，以及費用、門檻等。別小看每個問題的重要性，像是產品分析中的第六個問題：費用，相當容易被忽略，若投資基金時選對管道，申購費率甚至可降至一折。

至於產品分析中的最後一個問題：交易限制，最典型是房產買賣中的限購政策，這些因素會直接影響投資交易成本以及流動性。最近有朋友接到仲介的電話，勸朋友因為限購政策要適當降價，盡快出手。

這些資訊能幫助你更全面理解產品的特點，以及買賣中應該注意的事項。與之前填寫的投資需求交叉對比，可以清楚看出產品是否符合最基本的需求。

❖行動備註

行動備註的欄位，其實是為自己設定紀律以及明確的買賣時點。究竟要以期限為首要考慮因素，還是以止盈、止損線作為操作節點？

某位投資高手的一句話讓我印象深刻：「我賣出產品的唯一理由，是買入的理由消失了。」

投資的第一步，不妨從填寫投資表單中的行動備註開始。這份表單適合在投資前花十分鐘過目。如果感到猶豫，建議先不要急著投資，每次調整投資時，也建議對照這份表單做調整。

【資產表單】
盤點資產與調控收支

為什麼要整理財務呢?想和錢建立良好關係，首先要徹底瞭解錢的性格，並與它產生良性互動。清點財務培養財富親密度是最簡單有效的方法，很多人不重視這件事，但只要嘗試一次，就可以享受充滿掌控力的感覺。

而且，清點資金能獲得三種能力，分別是調控收入和支出的能力、平衡負債和財富的管理能力，以及規劃財富長期增長的能力。

我有朋友在不同平台買了幾個不同期限的Ｐ２Ｐ產品（網路借貸），產品到期後，卻讓錢在帳戶裡長期閒置。這還不是最浪費的。有次他花兩萬元購買一個月理財產品，結果竟然忘得一乾二淨。幸好後來和朋友聊起，才想起這件事，不然這兩萬元就真的被遺忘了。

你或許也遇過以下類似的狀況：忽然找到一張很久沒用金融卡，發現還有好幾千塊錢被遺忘在帳戶裡。辦了幾張信用卡，不知不覺忘記某些卡片的繳費日期。沒有好好規劃定投的基金，月初扣款時忽然發現餘額不足。

自己的物品凌亂可能會影響生活品質，沒有把金錢整理好，對你的負面影響更大。現在來做個小測試，看看你是不是真的和錢十分親密：

- 能說出你手上現在有多少錢嗎？
- 你擁有幾張金融卡、幾張信用卡？有沒有使用上的困擾？
- 如果你現在急需五萬元，是否能很快湊齊這筆錢？

你是否發現其實很難掌握自己擁有多少錢？你的財務狀況每天都會發生變化，如果每筆收支、投資和收益都要記錄，難免有點複雜，這時可以使用資產表單（見圖6-5），定期整理財務。

這份資產表單其實是一張資產負債表，表內的各個項目具體如下：

圖 6-5 資產表單

資產	金額	負債及淨值	金額
現金及貨幣存款		信用卡欠債	
貨幣基金		消費借款	
其他		其他	
流動性資產合計		消費性負債合計	
定期存款			
銀行理財			
P2P			
基金			
股票			
儲蓄型保險			
投資性房產			
其他			
投資性資產合計		投資性負債合計	
自用房產		自住房產貸款	
自用汽車		自用汽車貸款	
其他自用性資產		其他	
		自用性負債合計	
		負債總計	
自用性資產合計		淨值	
資產總計		負債和淨值總計	

- 現金及活期存款：包括現金及所有儲蓄帳戶裡的現金總和。
- 貨幣基金：各類貨幣基金的金額總和。
- 其他：其他流動資產，例如：短期可收回的借款、非貨幣基金類的活期理財等。
- 定期存款：銀行定期存款中的資產，可以按照本金＋填表時可得的利息記錄。填表時可得的利息＝總定存利息×已定存時間÷總定存週期。
- 銀行理財：銀行理財的資產、固定收益類，可以按照本金＋填表時可得的利息記錄。如果是浮動收益類產品，可以記錄本金。
- P2P（網路借貸）：以P2P形式存在的資產，可以按照本金＋填表時可得的利息記錄。
- 基金：若是場外基金，可以按填表時最新的淨值計算總價值，場內基金則按照最新的市值計算總價值。
- 股票：以股票形式存在的資產，可以按照填表時最新的市值計算總價值。
- 儲蓄型保險：以資產增值為主要目的的保單，簡單來說，是即刻退保也能拿回錢的保險。通常包含現金價值表上，顯示的對應現金價值＋累積分紅。

- 自用房產：自住的房產，可以按照當下的市值記錄。
- 自用汽車：自用的車輛，車輛貶值較快，應考慮填表時的市價。
- 其他自用性資產：其他自用的資產，例如：自用店面、珠寶等，可以按照現在的價格記錄。
- 信用卡欠款：信用卡未償還本金，不含利息（利息的支出應計入收支表）。
- 消費借款：消費貸款未償還的本金，不含利息。
- 投資房產貸款：投資型房產貸款的未償貸款本金，不含利息。
- 自住房產貸款：自住型房產貸款的未償貸款本金，不含利息。
- 自用汽車貸款：自用汽車貸款的未償貸款本金，不含利息。
- 其他說明：如果持有外幣資產，可以按填表時的匯率折算，並單獨標註。

淨值等於總資產減去總負債，也就是淨資產。你會發現：將相應的資產分類，就像在收納過程中，我們會用容器進一步分隔，讓空間看起來更整潔。

資產

簡單來說，資產代表現在或未來能帶來價值的東西。不同類別的資產有不同意義，這些類別可以涵蓋生活中的大部分情況。

- 流動資產：滿足日常生活所需。
- 投資資產：用錢生錢的「小金鵝」。
- 自用資產：房屋、汽車等自用大型物品。

負債

負債是對外的付款承諾，也是我們必須付款的項目。負債在生活中的出現機率極高，如常見的個人或家庭負債、信用卡帳單、車貸、房貸等。根據負債產生的原因，可以分為三類：

- 消費性負債：因消費而產生的負債，如信用卡分期付款。

- 投資性負債：因投資產生的負債，如借貸投資。
- 自用性負債：因購買自用資產而產生的負債，如貸款買車、買房。

只要按照表中的名稱填寫，可以清楚瞭解自己的資產和負債情況。如果你平時有記帳的習慣，填寫起來會更方便，只要把對應的現金、投資，以及房子、車子，按照價值填寫，就能大致瞭解自己的資產負債情況。

不需要太頻繁地整理資產表單，每季或每半年一次即可。這張表單除了讓我們更清楚自己的財務狀況之外，還有個重要的作用：財務體檢時更得心應手。你每次填好表格，使用表中的數據檢查自己的財務安全、負債情況、財富成長情況等，可以隨時把握財務狀況。

【保險表單】未雨綢繆正確選購保險

第四章已經講解，如何幫正確的人購買對的保險。在保險配置齊全後，除了把投資資訊交給家人，還應該把投保的保單整理成一份紙本，並彙整全家人的保單，做一張表格。圖6-6是一份保險表單，具體資訊可以從保單和保險公司客服獲得。

這份保險表單的功能很豐富。第一，能夠讓家人充分瞭解保險情況，發生意外時可以及時處理。第二，可以提醒我們按時繳保費。第三，能夠檢查每個家庭成員的保額、保費，判斷目前的保險額度是否充分。

在填好這張表單後，你不妨結合保單內容，簡單回顧全家人的保險情況，來查漏補缺。

圖 6-6 保險表單

保險的基本資訊	被保險人	×××			○○○		
	是否為家庭主要經濟來源	是／否	是／否				
	保險種類	意外險	重疾險	壽險			
	保險名稱						
	保額						
	受益人						
	保險期間						
保單的基本資訊	保單單號						
	繳費期限						
	繳費時間						
	年繳保費						
	聯繫電話						
備註							

【安全表單】建立全家人的安全網

有九〇%的人會忽略填寫安全表單（見圖6-7）。**在緊急情況下，你最親密的人是否能快速掌握你的財務狀況？是否能馬上支配家裡的錢**？每個人都必須準備一份表單，記錄每筆存款和投資資金的平台、全額、帳戶和密碼，以及如何領取。

我會推薦儲存成電子檔案，並列印一份紙本給家人。你可能會說：「把帳號、密碼都寫在紙上，被別人看到豈不是很危險？」因此，你可以把所有密碼的固定位數設置一個數值，不要記錄在檔案中，僅口頭告知。

舉例來說，我把所有密碼的最後一位都設為數字6，A卡的密碼為abcde6，B卡的密碼為lalala6。我會口頭告訴家人，所有密碼的最後一位是6，紙本上寫的密碼只有abcde和lalala。

圖 6-7 安全表單

編號	投資名稱	金額	類型	投資平台	帳號	密碼	備註
1							
2							
3							
4							
5							
6							
7							
8							

6步驟循序漸進，你的財富就翻轉好幾倍

介紹完投資理財必備的五份表單，現在來看看如何使用它（見圖6-8）。

第一步：風險表單

已工作三年的安迪剛開始學習理財，他先使用風險表單分析自己的風險偏好，並且得到一份資產配置建議。他的風險承受能力為中級，風險承受態度為中高級，系統給出的建議是四〇%的債券和六〇%的股票，同時得到預期收益率為六・二四%，標準差為一三・九七%。

第二步：投資表單

上個月安迪拿到一筆五萬元的獎金，朋友向他推薦一支指數型基金。他先填寫投資表單中的需求，準備投入五萬元，佔總資產的五〇%，分成十二份每月定投。因為指數型基金是被動型投資，需要付出的關注和時間較少，而且這筆錢沒有明確的用途，所以可以考慮五年以上的投資期限。

安迪預期，五年後這筆錢最多可以獲得一〇〇%的收益率（年化收益率為一四．八%），升值為十萬元，他能承受的最大虧損是二〇%，本金變成四萬元。

繼續看產品分析，指數型基金與某個指數掛鉤，會根據編制指數的規則，配置相應比例的股票。發行人是某著名的基金公司，資金由銀行託管。指數型基金沒有固定的投資期限，安迪準備持有五年以上，而過去十年的平均年化收益率是一〇%。

第三步：資產表單

安迪安排好五萬元獎金後，六月底開始整理自己的資產負債狀況（見圖6-9）。他拿出資產表單，對照自己各類銀行的帳戶和基金、P2P帳戶，並填寫表格。他發現

圖 6-8　安迪投資選擇

風險表單

風險承受能力為中級
風險承受態度為中高級

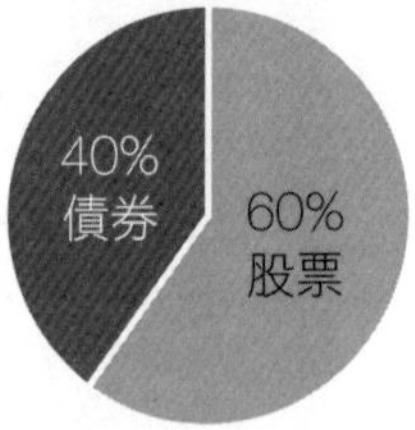

預期收益率為6.24%
標準差為13.97%
40%債券
60%股票

投資表單

投資需求

投入金額5萬元，佔總資產的50%，分成12份每月定額投資，這筆錢預計在5年後拿回。
預期收益：年化收益率為14.8%，可承受最大虧損：20%。

產品分析

1. 投資方向：掛鉤的是某個指數，配置相應比例的股票。
2. 發行人／交易平台：某著名的基金公司，資金由銀行託管。
3. 投資期限：可隨時申購贖回（預計持有5年以上）。
4. 投資收益：過去10年的平均年化收益率是10%。
5. 投資風險：曾經出現30%的虧損。

投資表單

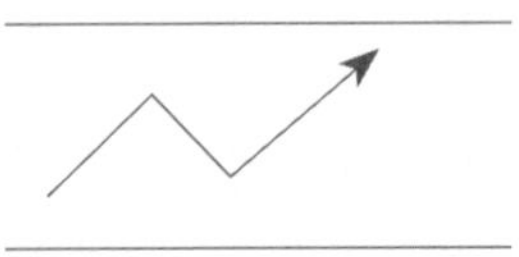

盈利超過15%，賣出部分盈餘

虧損超過20%，贖回一半
虧損超過30%，全部贖回

圖 6-9 安迪的資產表單

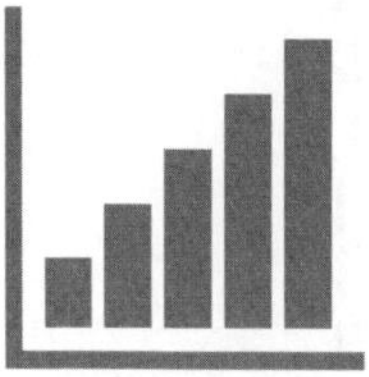

+6萬元

來源：
· 獎金
· 每月定存
· 投資收益

負債主要是3000元
信用卡帳單
負債率不到3%

自己的淨資產增加六萬元，主要來自獎金、每月定投以及投資收益。負債主要是三千元信用卡帳單，負債率不到三%。

第四步：保險表單

接著，安迪拿出自己和家人共十份保單，填寫相應的資料，並將紙本交給媽媽保存，同時寄送一份電子版給家人，一旦發生任何保險範圍內的事故，如生病住院、重大疾病，家人都能及時聯繫保險公司理賠。

第五步：安全表單

安迪把自己所有的帳戶、卡號、戶名、密碼、投資金額、投資期限等資料都填入表格，密碼中間部分用星號表示，並另外製作一份密碼解釋命名規則，只有親人才知道答案。

第六步：日常更新

每季完成資產說明書後，安迪會把自己最新的資產表單、保險表單和安全表單發給媽媽。

聽完安迪的理財情況，現在你會用這五份表單了嗎？相信各位能更清晰地掌握自己的財務和投資。

NOTE / / /

結語
讓理財更簡單，讓人生更自由

讀完本書，相信能幫助你快速上手，並理解投資理財的要點。理財是一輩子的功課，無論是學習還是實踐，都永無止境。

希望大家能從本書開始，找到最適合自己的投資理財思路，哪怕未來遇到新的問題，也能找到正確的解決方法。祝福認真付出的你，能早日實現財務自由，就像我們一直堅信的：**「讓理財更簡單，讓人生更自由。」**

國家圖書館出版品預行編目（CIP）資料

我用基金・保險，3年賺到100萬【稅務專家傳授入門版】：簡單 5
張表格，幫你達成財務自由!／ 簡七作；新北市：大樂文化，2020.3
256 面；14.8×21 公分. --（Money；23）

ISBN 978-957-8710-66-5（平裝）
1. 個人理財 2.投資

563 109002414

Money 023

我用基金・保險，3年賺到100萬【稅務專家傳授入門版】

簡單 5 張表格，幫你達成財務自由！

作　　者／簡　七
封面設計／蕭壽佳
內頁排版／顏麟驊
責任編輯／林嘉柔
主　　編／皮海屏
發行專員／劉怡安、王薇捷
會計經理／陳碧蘭
發行經理／高世權、呂和儒
總編輯、總經理／蔡連壽

出 版 者／大樂文化有限公司
地址：新北市板橋區文化路一段 268 號 18 樓之1
電話：（02）2258-3656
傳真：（02）2258-3660
詢問購書相關資訊請洽：2258-3656
郵政劃撥帳號／50211045　戶名／大樂文化有限公司

香港發行／豐達出版發行有限公司
地址：香港柴灣永泰道 70 號柴灣工業城 2 期 1805 室
電話：852-2172 6513　傳真：852-2172 4355

法律顧問／第一國際法律事務所余淑杏律師
印　　刷／韋懋實業有限公司

出版日期／2020 年 3 月 30 日
定　　價／290 元（缺頁或損毀的書，請寄回更換）
I S B N　978-957-8710-66-5

大樂文化

大樂文化